Impressum

Titelgestaltung: Dieter Lemke, GEM-mbH, Ratingen
Redaktion und Projektmanagement: Dr. Bettina Kratz, Göttingen
Englische Übersetzung: Jennifer Neuhann, Düsseldorf
Verlag: Verlag Stahleisen GmbH, Düsseldorf
Satz: EDV-Beratung U. Hellinger, Langenfeld
Druck und buchbinderische Verarbeitung:
VVA Vereinigte Verlagsanstalten GmbH, Düsseldorf

ISBN 3-514-00670-9

Die nachstehenden Stahlunternehmen haben den Christus-Pavillon unterstützt

für die EXPO 2000:

Aktiengesellschaft der Dillinger Hüttenwerke AG

ARBED S.A.

Edelstahlwerke Buderus AG

EKO Stahl GmbH

ISPAT Germany GmbH

Krupp Thyssen Nirosta GmbH

Saarstahl AG

Salzgitter AG Stahl und Technologie

Thyssen Krupp Stahl AG

und für die Umsetzung nach Volkenroda:

Badische Stahlwerke GmbH

Benteler AG

DK Recycling und Roheisen GmbH

Hüttenwerke Krupp Mannesmann GmbH

Krupp VDM GmbH

Mannesmannröhren-Werke AG

Rass Stahl AG

Riva Stahl GmbH

Stahlwerk Thüringen GmbH

Mitwirkende an diesem Dokumentationsband

Dieter Ameling, Prof. Dr.-Ing., Präsident Wirtschaftsvereinigung Stahl, Vorsitzender Verein Deutscher Eisenhüttenleute, Düsseldorf

Fritz Baltruweit, Pastor und Liedermacher, Programmgestalter Christus-Pavillon als Referent für Liturgie und Musik, jetzt: Gottesdienstliche Aufgaben in der Landeskirche, Projekt Dekade „Gewalt überwinden", Kirchengemeinde Arnum

Meinhard von Gerkan, Prof. Dr.-Ing., Architekt, Hamburg

Horst Hirschler, Dr. theol., Landesbischof i.R., Abt zu Loccum

Margot Käßmann, Dr. theol., Landesbischöfin der ev.-luth. Landeskirche Hannovers

Bettina Kratz, Dr. phil., Redakteurin (publicitus.com) und Publizistin, Göttingen

Karl-Heinz Michel, Dr. theol., Pfarrer, seit 1979 Mitglied der Jesus-Bruderschaft Gnadenthal, lebt im Kloster Volkenroda

Jennifer Neuhann, freiberufliche Dolmetscherin und Übersetzerin, Düsseldorf

Meike Riedel, Vikarin der ev.-luth. Landeskirche Hannovers

Joachim Wanke, Bischof von Erfurt

Richard A. Weber, Dr.-Ing., bis Ende 2000 Geschäftsführer Studiengesellschaft Stahlanwendung e.V., Düsseldorf

Gerhard Wegner, Prof. Dr. theol., Pastor, Leiter evangelisches EXPO-Büro, jetzt Leiter Kirchlicher Dienst in der Arbeitswelt, Hannover

Inhaltsverzeichnis — List of contents

Fotografen / Photographers

Ulrich Ahrensmeier, Hannover
Dieter Ameling, Düsseldorf
Ralf Baumgarten, Köln
Andre Chales de Beaulieu, Hannover
Dethard Hilbig, Hannover
Jens Schulze, Hannover
Rainer Salomon, Düsseldorf
Franz-Josef Heise, Düsseldorf

Geleitwort

Preface

Margot Käßmann

Mit dem Fest zur Einweihung am 18. August 2001 in Volkenroda erreicht das Gebäude des Christus-Pavillon sein Ziel: Was vor Jahren mit ersten Planungen der evangelischen Kirche zur Weltausstellung seinen Anfang nahm, findet hier seinen endgültigen Standort. Die EXPO-Kirche, die so viel Anerkennung gefunden hat in Hannover, sie wird nun ein Teil des Geistlichen Zentrums der Jesus-Bruderschaft in Thüringen. Wir hoffen sehr, dass sie für viele Menschen ein anziehender Ort wird! Ein Ort der Stille, ein Pilgerort, ein Wallfahrtsort mitten in einer besonders schönen Landschaft Deutschlands.

Blicken wir zurück: 1997 hat sich die Jesus-Bruderschaft mit der Bitte um Unterstützung beim Bau einer Kirche in Volkenrode an meinen Vorgänger, Herrn Landesbischof D. Hirschler, gewandt. Er selbst hatte die Idee, dieses Projekt mit der Präsenz unse-

With the consecration ceremony and celebrations on August 18th 2001in Volkenroda the Christ Pavilion building has reached its journey's end. Something that began years ago with the Protestant Church's initial plans for the World Fair has finally found its permanent place. The EXPO church that received so much praise in Hanover is now going to be a part of the Brotherhood of Jesus' spiritual centre in Thuringia. We very much hope that it will attract large numbers of people as a place of calm, a place of pilgrims and pilgrimage set in one of Germany's most beautiful landscapes.

Looking back to 1997, the Brotherhood of Jesus turned to my predecessor, Bishop D. Hirschler, with an appeal for support in building a church in Volkenroda, and it was his idea to connect this project with our Church's presence of at the

rer Kirche auf der Weltausstellung in Hannover zu verbinden. Und so hat er den Weg frei gemacht für ein herausragendes Projekt unserer Kirche. Es wurde ein Architektenwettbewerb ausgelobt, der dazu führte, dass Meinhard von Gerkan und Joachim Zeiss beauftrag wurden, den Christus-Pavillon als Glas-StahlKonstruktion zu errichten. Von Anfang an war dabei von Bedeutung, dass eine Umsetzung nach Thüringen möglich sein sollte.

„Herr, ich habe lieb die Stätte deines Hauses und den Ort, da deine Ehre wohnt."

Diese Weisheit aus Psalm 26, Vers 8 hat sich auch beim Christus-Pavillon in Hannover bewahrheitet. Er wurde zu einem Ort, den die Menschen lieb hatten. Ein Ort der Besinnung mitten im Trubel des Festes der Völker und Kulturen, der fünf Monate lang Hannover geprägt hat. 1,8 Millionen Menschen, das heißt 10% aller Besucherinnen und Besucher der EXPO haben diesen Pavillon erlebt. Sie haben ihn tatsächlich lieb gewonnen. Und, das will ich auch ganz persönlich sagen, der Abschied von diesem Pavillon ist Hannover nicht leicht gefallen. Am liebsten hätten wir ihn dort behalten, weil viele Erinnerungen an ihm hängen und er ein Ort der Präsenz Gottes mitten in unserer modernen, oft auch virtuellen Welt geworden ist. Er wurde ein Ort der Begegnung von Menschen und der Besinnung auf christliche Inhalte und Werte.

So wünsche ich von ganzem Herzen, dass der Pavillon dies auch in Volkenrode sein wird. Neben dem weinenden Auge haben wir auch ein lachendes gehabt bei dem Abschied,

World Fair in Hanover. So he cleared the way for an outstanding project in our Church. An architects' competition was arranged, which led to a commission for Meinhard von Gerkan and Joachim Zeiss to build the Christ Pavilion as a steel and glass structure. One important condition, right from the very beginning, was that the building had to be capable of being moved to Thuringia.

"Lord, I have loved the habitation of thy house, and the place where thine honour dwelleth"

These words of wisdom from Psalm 26,8 were true of the Christ Pavilion in Hanover. It became a place that people loved. It was a haven of contemplation amid the hurly-burly of celebrations of nations and cultures that set its mark on Hanover for five months. 1.8 million people, 10% of all the visitors to EXPO, experienced this pavilion in person. They really did grow to love it. Speaking personally, it has not been easy for Hanover to say goodbye to this pavilion. We would have liked to keep it here because it is associated with so many memories and because it has become a place of God's presence in the midst of our modern and often virtual world. It became a place where people could meet and reflect on Christian matters and values.

And so I hope with all my heart that the Pavilion will be the same in Volkenroda. The sadness of saying goodbye and seeing it dismantled was tinged with the happiness of knowing that it will be rebuilt in the

dem Abbau – wir wussten, dass es zu einem neuen Aufbau kommt hier in der thüringischen Landschaft. Ich hoffe, dass die Menschen hier den Pavillon lieb gewinnen, als Ort, an dem Gottes Ehre wohnt, an dem sie Zeit haben, Gott zu begegnen.

Danken möchte ich an dieser Stelle allen, die den Pavillon selbst und auch seine Umsetzung ermöglicht haben. Ohne die Beiträge der Wirtschaft, der Deutschen Stahlindustrie, aber natürlich auch der Evangelischen Kirche in Deutschland und der Hannoverschen Landeskirche sowie der Deutschen Bischofskonferenz wäre es nicht möglich gewesen, dieses Projekt nun zu einem Abschluss zu bringen. Der Pavillon ist somit auch ein Zeichen für den gemeinsamen Weg vieler Verschiedener, um für die Zukunft ein Zeichen zu setzen. Ein Zeichen, das den christlichen Glauben einbringt. Auch für Jesus war das Gotteshaus der Ort der Begegnung mit Gott, der Auseinandersetzung mit der Heiligen Schrift, dem Gespräch mit den Menschen.

Ich wünsche der Jesus-Bruderschaft weiterhin Mut, sich dieses großen Projektes anzunehmen, ich wünschen den Menschen hier in Volkenroda, dass sie den Pavillon integrieren in diese Landschaft, wie er sich integriert hat in die EXPO. So hoffe ich, er wird ein Ort des Segens sein.

Hannover, Mai 2001

countryside of Thuringia. I hope that people here will come to love the Pavilion as a place where God's honour dwells and where they have time for encounters with God.

I would like to express appreciation to everyone who helped to make the Pavilion itself and its removal possible. Without contributions from business, the German steel industry and, of course, the Protestant Church in Germany, the Protestant Church of Lower Saxony in Hanover and the German Bishops' Conference, it would never have been possible to bring this project to fruition. Thus, the Pavilion is also a sign that many different people took the same path to set a landmark for the future, a sign that brings in the Christian faith. For Jesus, too, the House of God was a place to seek encounter with God, to debate the Holy Scriptures and converse with other people.

I wish the Brotherhood of Jesus the continued courage to shoulder this major project. My wish for the people of Volkenroda is that they will integrate the Pavilion into their landscape just as it blended into the EXPO. In this way, I hope, it will become a place of blessings.

Hannover, May 2001

Geleitwort

Preface

Dieter Ameling

Die EXPO 2000 mit dem Motto „Mensch – Natur – Technik" ist auch der Versuch zu vermitteln zwischen den Welten von Naturwissenschaft und Geisteswissenschaft. Die explosionsartige Vermehrung des Wissens in den letzten Jahrzehnten hat dazu geführt, dass es heute immer schwerer wird, sein eigenes Fachgebiet zu verlassen. Zunehmende Spezialisierung ist die Folge: Jeder überblickt nur noch seinen eigenen, engen Bereich. Die Phase, in der man glaubte, mit dem „Brockhaus" das gesamte enzyklopädische Wissen der Zeit zu besitzen, ist lange vorbei. Die Kluft zwischen den einzelnen Fachgebieten wächst; die Verwendung spezieller Fachsprachen erschwert die Verständigung untereinander.

Ganz besonders gelten diese Kommunikationsprobleme zwischen Geistes- und Naturwissenschaftlern. Da stehen auf der einen Seite die soge-

EXPO 2000 with its Motto „Man – Nature – Technology" is an attempt to mediate between the worlds of science and the arts. The explosive increase of knowledge in the past decades has made it increasingly difficult today to move beyond one's own field of expertise. Growing specialisation is the consequence. Everyone has the overview of their own narrow field only. The times when people thought they could possess the entire encyclopaedic knowledge of their times are long gone. The gap between individual fields of expertise is widening, and the use of specialised technical jargon makes communication between them more difficult.

These communication problems exist in particular between science and the arts. On the one hand, we have the so-called intellectuals, with their eloquence and experience in de-

nannten Schöngeister, wortbegabt und diskussionserprobt, und auf der anderen Seite die Techniker, die Macher, effizient und praxisbezogen. Eine gemeinsame Sprache gibt es kaum.

Die Verantwortlichen für die Stahl-Kirche – den Christus-Pavillon – haben erfolgreich den Dialog zwischen den einzelnen Disziplinen begonnen. Sie haben die Technik in ihren Dienst gestellt, wobei in diesem Gebäude viele technische Innovationen zusammenkommen. Baukunst ist immer auch ein Ausdruck der kreativen Auseinandersetzung des Menschen mit seiner Zeit. Insofern korrespondiert die Stahl-Kirche mit den Zukunftsvisionen der Weltausstellung. Lichtdurchlässige Transparenz, genauer: Transluzenz, vermittelt Offenheit gegenüber neuen Perspektiven.

Die Wahl der Werkstoffe Stahl und Glas, wodurch die Nachnutzung in Volkenroda erst möglich wird, entspricht dem Motto der EXPO und damit dem Gebot der Nachhaltigkeit in besonderer Weise. Diese Kirche stellt eine gelungene Synthese zwischen der Welt der Technik und der des Geistlich-Geistigen dar. Oder, wie Landesbischöfin Margot Käßmann es einmal treffend formuliert hat: „Sie ist eine gebaute Symbiose aus Sakralarchitektur, Ingenieurskunst und Spiritualität." So ist der Christus-Pavillon vielleicht der Anfang für ein neues Verständnis zwischen Kirche und Technik, zwischen Geistes- und Naturwissenschaften. Möge auch dieses Buch dazu beitragen.

Die deutsche Stahlindustrie hat den Christus-Pavillon und dessen Um-

bate, while on the other, we have the technicians, the nuts-and-bolts people who get things done with their efficiency and practical skills. They hardly speak the same language.

The people responsible for the steel church, the Christ Pavilion, have managed to begin a successful dialogue between individual disciplines. They harnessed technology in their service, although this building is a meeting of many technical innovations. Architecture is always an expression of the creative dialectic between human beings and their times. To that extent, the steel church corresponds to the futuristic visions of the World Fair. Light and airy transparency, or rather translucency communicates openness to new perspectives.

The choice of steel and glass as building materials, which were the key to making re-assembly in Volkenroda feasible, conforms especially to the EXPO motto, and hence with the principle of sustainability. This church represents a successful synthesis between the world of technology and the spiritual-religious world. Or, as Bishop Margot Kaessmann so succinctly put it, "It is a built symbiosis of sacred architecture, the art of engineering and spirituality". Thus, the Christ Pavilion is perhaps the beginning of a new understanding between the Church and engineering. I hope this book will be another contribution.

The German steel industry provided funding of over 5 million DM for the Christ Pavilion and its removal from Hanover to Volkenroda. It has

setzung von Hannover nach Volkenroda mit mehr als 5 Millionen DM unterstützt. Sie hat dies gerne getan. Denn die Vorgabe, ein Gebäude zu schaffen, das nach der EXPO 2000 in seine Teile zerlegt und an einem anderen Standort wieder aufgebaut werden kann, ist nur mit dem Werkstoff Stahl zu erfüllen. Das konnten wir an diesem Bau eindrucksvoll und öffentlichkeitswirksam demonstrieren.

Düsseldorf, Mai 2001

been a most pleasurable sponsorship. The specification to create a building that could be broken down into its constituent parts after EXPO 2000 and re-assembled at a different location can only be met by using steel as the material. This building is an impressive demonstration and very effective PR.

Düsseldorf, May 2001

Volkenroda damals und heute

Volkenroda then and now

Karl-Heinz Michel

Nördlich von Eisenach und Erfurt, nahe der „Thomas-Müntzer-Stadt" Mühlhausen, liegt das rund 200 Einwohner zählende Dorf Volkenroda, ein Ortsteil der Gemeinde Körner im Unstrut-Hainich-Kreis. Den Dorfkern bildet ein ehemaliges Kloster des Zisterzienserordens, das noch in Resten vorhanden ist. Bis 1074 stand hier eine Reichsburg, die aber Kaiser Heinrich IV. nach seinem verlorenen Kampf mit den Thüringer und sächsischen Adelsgeschlechtern aufgeben und schleifen musste. 1130/31 erreichte die europaweite Erneuerungsbewegung der Zis-

The village of Volkenroda with about 200 inhabitants lies to the north of Eisenach and Erfurt near the town of Mühlhausen, famous for its association with Thomas Münzer. It belongs to the community of Körner in the Unstrut-Hainich district. The heart of the village is the former Cistercian monastery, remains of which are still extant. A fortified imperial castle stood on the site until 1074, when Emperor Heinrich IV was forced to abandon and raze it to the ground after losing his battle with the nobles of Thuringia and Saxony.

terzienser diesen Ort in Thüringen. Auf den Trümmern der zerstörten Reichsburg errichteten die Mönche eine umfangreiche Klosteranlage. Es war die vierte Zisterziensergründung in Deutschland. 1150 wurde die romanische Basilika geweiht. Das Kloster kam bald zu großer Blüte. Doch 1525 wurde es im Bauernkrieg unter dem Einfluss Thomas Müntzers weitgehend zerstört, 1540 schließlich aufgehoben.

1544 richtete August von Sachsen auf den Resten eines Klostergebäudes das Amt Volkenroda als herzogliche Domäne ein. So hatte Volkenroda noch eine gewisse Bedeutung, bis 1869 das herzogliche Kammergut aufgehoben wurde. Bis 1968 konnte die Rest-Klosterkirche, nämlich Altarraum und Querschiff, von der evangelischen Kirchengemeinde noch für Gottesdienste genutzt werden, dann wurde sie wegen Baufälligkeit geschlossen. Die Klosteranlage verfiel nahezu vollständig.

In 1130/31, the Europe-wide Cistercian renewal movement reached this village in Thuringia, where the monks built an extensive monastery on the site of the ruined imperial castle. It was the fourth foundation by the Cistercians in Germany. The Roman basilica was consecrated in 1150, and the monastery soon flourished. In 1525, however, it was virtually destroyed during the Peasants' Uprising under the influence of Thomas Münzer, and it was finally dissolved in 1540.

In 1544, Earl August of Saxony set up the Office of Volkenroda on what remained of the monastery buildings to manage his estates. Thus, Volkenroda still kept a certain significance until the feudal demesne was abolished in 1869. The altar and transept, which were all that remained of the monastery church, were in use for worship by the Protestant parish congregation until 1968, when they were closed due to their

1989/90 ergriffen einige Dorfbewohner und engagierte Lokalpolitiker aus Volkenroda und Körner die Initiative zur Rettung der Anlage. In den folgenden Jahren wurde der Bestand der Klosterkirche gesichert und die Reste des Konventsgebäudes vor dem völligen Verfall bewahrt.

1994 ging das Kloster in den Besitz der Jesus-Bruderschaft Gnadenthal über, die seitdem für den Wiederaufbau verantwortlich zeichnet und die Anlage als Ort der Einkehr und Besinnung sowie des gemeinsamen Lebens, Lernens und Arbeitens wiederbelebte. Eine Lebensgemeinschaft aus Familien, zölibatären Männern und

unsafe condition. After that, the entire monastery was left to fall into dereliction.

Then, in 1989/90, a few village people and committed local politicians from Volkenroda and Körner launched an initiative to rescue the site. In the years that followed, the monastery church was made safe, and what was left of the monastery buildings was saved from final disintegration.

The monastery came into the ownership of the Brotherhood of Jesus, Gnadenthal, in 1994, and the Brotherhood has held responsibility since then for the reconstruction of

jungen Leuten ist entstanden. In der Klosterkirche werden wieder Gottesdienste gefeiert und regelmäßige Gebetszeiten gehalten. Ein nach Bioland-Richtlinien ökologisch geführter Landwirtschaftsbetrieb und ein Europäisches Jugendbildungszentrum wurden aufgebaut: Sie bieten vorwiegend jungen Menschen die Möglichkeit, im Rahmen eines Praktikums oder einer Lehre, in Zivildienst oder Freiwilligem Ökologischem Jahr im Kloster mitzuleben und mitzuarbeiten. Betriebe haben sich angesiedelt und Arbeits- und Ausbildungsplätze geschaffen. Die Klosteranlage mit historischer Kirche, Amtshof und Förste-

the site as a place of retreat and contemplation, and has revived it for living, learning and working in community. A mixed community of families, celibate men and young people has grown up there. Religious services and regular worship are held again in the monastery church. There is an organic farm in accordance with Bioland specifications, and a European Youth Educational Centre has been developed. They offer an opportunity primarily for young people to come and live and work as part of the monastery community, some on placement or in vocational training, others in their time as conscientious

rei wurde baulich saniert und ein modernes Konventgebäude aus Stahl und Glas neu errichtet. Die architektonische Gesamtplanung lag bei Günther Hornschuh (Planungsgruppe Stieldorf, Königswinter), der bereits den Wiederaufbau in Gnadenthal betreut hatte.

1995 wurde Kloster Volkenroda von der Europäischen Union als „besonders schützenswertes Kulturdenkmal von europäischem Rang" ausgezeichnet. 1996 erhielt es den „Henry Ford European Conservation Award" in der Kategorie „Kulturerbe". 1997 wurde „Wiederaufbau und Neubelebung von Kloster und Dorf Volkenroda" als offizielles EXPO 2000-Lebensformprojekt des Freistaats Thüringen anerkannt. Zusätzlich wurde Körner-Volkenroda als „Dorf 2000 – Beispiele nachhaltiger Landentwicklung" im Rahmen eines Bund-Länder-Vorhabens zur EXPO als eines von zwölf Dörfern in Deutschland nominiert. 1998 wurde der Wiederaufbau des Klosters mit dem Denkmalschutzpreis des Freistaates Thüringen ausgezeichnet.

objectors or their year as ecological volunteers. Businesses have grown up around the community, creating jobs and apprenticeship places. The monastery has been restored with its historic church, farm and forestry buildings, while the newly-built convent is a modern steel and glass structure.

The European Union designated Volkenroda monastery as a "European cultural monument of out-

standing importance" in 1995. It was the winner of the 1996 Henry Ford European Conservation Award in the Cultural Heritage category, and in 1997, the "Reconstruction and Revival" of the Volkenroda monastery and village community were adopted as an official EXPO 2000 'forms of living' project by Thuringia Free State. In addition, Körner-Volkenroda was nominated as one of twelve villages in Germany for "Village 2000 – Models for Sustainable Rural Development", a joint federal and state project for EXPO 2000. The reconstruction of the monastery received Thuringia Free State's award for conservation of historic monuments in1998.

Cistercian monks from Volkenroda were the founders of a new establishment at the monastery of Loccum in 1163. It has survived the centuries and still exists today as a Lutheran community. The ancient links were restored in1995/96, when the Brotherhood of Jesus sent a re-

Eine der Tochtergründungen des Zisterzienserklosters Volkenroda bereits im Jahre 1163 war das Kloster Loccum, das als evangelisch-lutherisches Kloster die Jahrhunderte überdauert hat und bis zur Gegenwart fortbesteht. 1995/96 lebten die alten Kontakte wieder auf: Die Jesus-Bruderschaft richtete an den Loccumer Konvent die Bitte, in Volkenroda beim Wiederaufbau der ehemaligen Klosterkirche mitzuhelfen. Diese Anfrage traf mitten in die Überlegungen, wie ein angemessener Beitrag der christlichen Kirchen für die EXPO 2000 aussehen könnte. Daraus entwickelte sich der ungewöhnliche Plan, einen Kirchenbau für Volkenroda zunächst auf der Weltausstellung zu errichten und ihn danach im Kloster Volkenroda dauerhaft zu nutzen. So ungewöhnlich dieser Gedanke war – er hat sich tatsächlich durchgesetzt. Unmittelbar nach Abschluss der Weltausstellung begann die Umsetzung des Christus-Pavillons vom EXPO-Gelände nach Volkenroda, dessen (Wieder-)Einweihung im August 2001 mit einem großen Fest gefeiert wird.

quest to Loccum community for help in rebuilding the former monastery church in Volkenroda. This petition arrived in the midst of deliberations about the nature of an appropriate contribution from the Christian churches to EXPO 2000 and set in motion the development of the extraordinary plan to erect a church building for Volkenroda at the World Exhibition ground, and then transfer it for permanent use to Volkenroda monastery. Unusual though this idea was, it has actually become reality. The removal of the Christ Pavilion from the EXPO ground to Volkenroda began as soon as the world exhibition closed, and it is now ready for (re-)consecration with ceremony and celebration in August 2001.

Zeichen der Gottesnähe

Signs that God is near

Horst Hirschler

Der Christus-Pavillon, die faszinierende Kirche am Markt der EXPO 2000 in Hannover nun steht dieses einmalige Bauwerk in Volkenroda, in dem alten Zisterzienserkloster im Thüringer Land, nicht weit vom Mühlhausen Thomas Müntzers. Es ist schier unglaublich, dass das allen Schwierigkeiten und Unkenrufen zum Trotz mit Gottes und der Menschen Hilfe gelingen durfte.

Viele fragen jedoch: Warum nach Volkenroda? Diese eindrucksvolle Kirche, die während der EXPO 1,8 Millionen Besucher anzog, konnte sie nicht in Hannover bleiben? Warum steckt Ihr überhaupt so viel Geld in solch einen Bau, den Transport und die Wiedererrichtung in Volkenroda? Und warum fördert Ihr evangelisch ein Kloster?

Ein etwas abenteuerlicher Einfall

An einem Mittwoch im Frühjahr 1996 war es: Vormittags hatten wir in der kleinen evangelischen Arbeitsgruppe zur Vorbereitung des christlichen Beitrags auf der EXPO 2000 beraten. Wie sollten sich die Kirchen ökumenisch expowirksam präsentieren?

Viele Ideen hatten sich schon zerschlagen. „Eine Art christlichen Eiffelturm müsstet ihr bauen, so eine Art Petersdom für alle Religionen", hatte

The Christ Pavilion, that fascinating church on the market square at EXPO 2000 in Hanover, that unique building now stands in Volkenroda, the ancient Cistercian monastery in the Thuringian countryside not far from Mühlhausen, the town made famous by Thomas Müntzer. Against all odds and despite the many difficulties and forebodings, this final success has been achieved with the help of God and many different people.

Nevertheless, there are still many who wonder why Volkenroda. Could not this impressive church, which attracted 1.8 million visitors during EXPO, have been left in Hanover? Why spend all that money to build it, then move it and re-erect it in Volkenroda? And why do Protestants want to promote a monastery?

A rather eccentric idea

One Wednesday morning in the spring of 1996, we had been having a meeting of the small Protestant working party to prepare the Christian contribution to EXPO 2000. How should the Churches give an ecumenical presentation of themselves in an effective EXPO manner?

Many ideas had been heard and rejected. "Why not a kind of Chris-

einer gesagt. Auch einen „Platz der Religionen" hatten wir konzipiert, mit christlicher Kirche, jüdischer Synagoge, muslimischer Moschee, hinduistischem Tempel und buddhistischer Pagode in kreisförmiger Anordnung. Vieles hatte sich als nicht durchführbar oder nicht sinnvoll erwiesen.

An jenem Mittwochvormittag waren wir gedanklich schon in einer der Messehallen gelandet. Das war bezahlbar. Da könnte man einen Weg durch eine Ausstellung, etwa „Die Christenheit in der Geschichte" gestalten. Schon beim Gedanken daran gähnten wir innerlich.

Nachmittags an jenem Mittwoch hatte ich Vertreter der evangelischen, ökumenisch gesonnenen Jesusbruderschaft Gnadenthal/Hessen in die Bischofskanzlei nach Hannover zu einem Gespräch eingeladen.

Die hatten etliche Zeit vorher das verfallende ehemalige Zisterzienserkloster Volkenroda bei Mühlhausen in

tian Eiffel Tower, or a sort of St. Peter's for all the religions?" someone had said. We had also thought of a "Religions' Square" with a Christian church, a Jewish synagogue, a Muslim mosque, a Hindu temple and a Buddhist pagoda arranged in a circle. Lots of ideas had proved to be simply not feasible or reasonable.

That Wednesday morning, our thoughts had already come down to earth in one of the exhibition halls. That was affordable. We could design a pathway through the exhibit on the lines of "Christendom through the Ages". The very thought made us yawn!

That Wednesday afternoon, I had invited a representative of the ecumenically minded Protestant Brotherhood of Jesus Gnadenthal/Hessen to my diocesan offices in Hanover for a meeting.

Some time earlier, the Brotherhood had taken over the ruined for-

Thüringen übernommen. Im Dezember 1995 waren sie bei uns im evangelisch-lutherischen Kloster Loccum (nordwestlich des Steinhuder Meeres) erschienen und hatten gefragt, ob wir ihnen nicht helfen könnten, die 1525 von Thomas Müntzers Leuten zerstörte Klosterkirche wieder aufzubauen. Modern sollte sie werden, in Glas und Stahl. Wir hatten vorsichtig gefragt, was das denn wohl kosten solle. Zehn Millionen sicher, meinten sie.

Nun spürten wir, dass die Jesus-Bruderschaft eine beachtliche, entschlossen handelnde evangelische Kommunität ist. Und tatsächlich war

mer Cistercian abbey in Volkenroda near Mühlhausen in Thuringia. In December 1995, they had turned up in our Lutheran Protestant convent in Loccum (to the north-west of the Steinhuder Meer Lake) and asked if we could give them some help to rebuild the abbey church, which had been destroyed in 1525 by Thomas Müntzer's men. It was to be modern, built of glass and steel. We cautiously asked what the cost was likely to be. At least Ten million, came the answer.

Now, we felt that the Brotherhood of Jesus is a respectable and determinedly active Protestant community.

And indeed, monks from Volkenroda had founded the Cistercian abbey at Loccum in 1163. Twelve Cistercian monks had been sent out with their abbot and had set about building the abbey in the swampy area around Loccum.

But we could not possibly make any contribution to the ten million needed for the church in Volkenroda. I wrote to tell them so as a precaution. The rather prickly response was that they had not been asking for money; what they needed was help in finding sponsors.

So there we sat together that Wednesday afternoon in April 1996 and pondered over possible sponsors for the Church in Volkenroda. The director of the Protestant EXPO office, Dr. Wegner, and other experts were also there. The morning's frustration was still pricking.

And then, right in the middle of the meeting, it happened. Günter Oertel, Chairman of the Brotherhood of Jesus, and I had the same flash of inspiration at the same moment. What if we put up the steel and glass church for Volkenroda at EXPO 2000 first and then moved it to Volkenroda?

It had to be easier to arouse the enthusiasm of key people for an EXPO church than for a monastery church in Volkenroda. And a church at EXPO 2000 just had to be a better proposition than a boring old walk through ecclesiastical history in an exhibition hall.

It was a daring idea, and our souls were assailed many a time by creeping fears that we might be attemp-

das Zisterzienserkloster Loccum 1163 von Volkenroda aus gegründet worden: Zwölf Zisterzienser waren mit ihrem Abt ausgesandt worden und hatten begonnen, in den Sümpfen um Loccum das Kloster zu errichten.

Aber zu den Millionen für die Kirche in Volkenroda konnten wir unmöglich etwas beitragen. Ich teilte ihnen dies vorsichtshalber schriftlich mit. Da reagierten sie etwas knurrig, das hätten sie auch gar nicht gemeint, wir sollten ihnen doch nur bei der Suche nach Spendern helfen.

Also saßen wir an jenem Mittwochnachmittag im April 96 zusammen und dachten über Sponsoren für die Kirche in Volkenroda nach. Der Leiter des evangelischen EXPO-Büros, Dr. Wegner, und andere Kundige saßen mit dabei. Der Frust vom Vormittag saß uns noch in den Knochen.

Mitten in diesem Gespräch geschah es dann – Günter Oertel, der Vorsitzende der Jesus-Bruderschaft, und ich hatten den Einfall wohl im gleichen Augenblick: Wie, wenn wir die Kirche für Volkenroda in Glas und Stahl erst einmal auf die EXPO 2000 setzten und sie dann nach Volkenroda verschöben?

Für eine EXPO-Kirche müssten Verantwortliche wohl leichter zu begeistern sein als für eine Klosterkirche in Volkenroda. Und eine Kirche auf der EXPO 2000 – das war allemal besser als unser langweiliger Weg durch die Kirchengeschichte in einer Messehalle.

Es war ein abenteuerlicher Gedanke, und so manches Mal kroch uns die Angst in die Seele, ob es nicht doch unmöglich war. Aber wir sind immer wieder mit einer Mischung aus Aben-

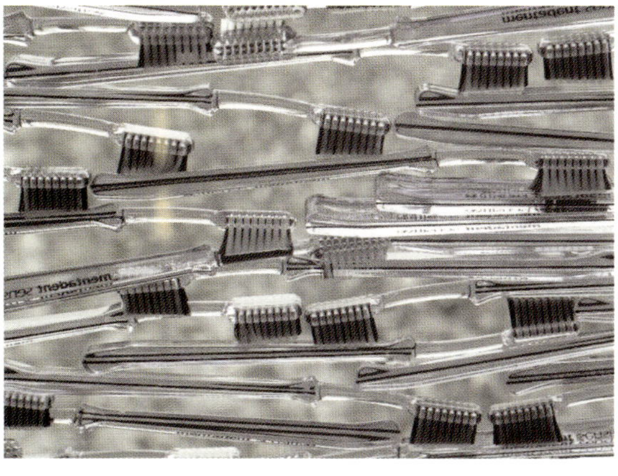

teuerlust, vorsichtigem Gottvertrauen, solider Geldbeschaffungsarbeit und archtektonisch-wirtschaftlich-technischer Professionalität herangegangen.

Und es gelang. Unglaublich. Es durfte gelingen. Gott sei Dank.

Geglückte Kooperationen

Eine Woche nach jener Mittwochsitzung wurde in Hannover die jährliche Industrie-Messe im Kuppelsaal eröffnet. Dr. Harig von der Preussen-Elektra lief mir über den Weg. Er hatte anfangs intensiv mit über den kirchlichen EXPO-Beitrag nachgedacht. „Wir haben Ihren Eiffelturm", sagte ich ihm. „Was haben Sie ?" fragte er. Ich berichtete: Volkenroda, Glas und

ting the impossible. But we always approached the matter with a mixture of lust for adventure, cautious trust in God, sensible procurement of funding and professionalism in architectural, accountancy and technical issues. And we did it! Incredible! It was allowed to happen!. Thank the Lord.

Successful Co-operation

One week after that Wednesday meeting in Hanover, the annual industrial fair opened in the Dome Hall, where I happened to meet Dr. Harig of Preussen Elektra. He had been involved initially in the intensive thinking about an EXPO exhibit for the Church. "We've got your Eiffel Tower", I told him. "What have you come up with?", he asked. I told him about Volkenroda, glass and steel, and removable church. "Wait a moment," he said, and returned a

Stahl, verschiebbare Kirche. „Warten Sie mal einen Augenblick", sagte er und kam kurz später mit fünf leitenden Herren der Stahlindustrie zurück. „Erzählen Sie denen das mal", sagte er. Das war keine fünf Minuten vor der Eröffnung der Industriemesse 96. Wir standen vor den über tausend im Saal sitzenden, auf den Bundespräsidenten wartenden Gästen. Ich schilderte schnell unsere Idee. Dieses kurze Gespräch genügte. „Das müssen Sie uns unbedingt ausführlicher erzählen!"

Das geschah dann Wochen später. Und tatsächlich, die Verantwortlichen im Stahlverband, in dem die führenden Stahlunternehmen zusammenwirken, haben schließlich ein Drittel der Bausumme für den Christus-Pavillon übernommen: für ein vom Inhalt, von der Gestaltung und von der technischen Aufgabenstellung her tatsächlich ungewöhnlich interessantes und innovatives Bauwerk.

Es ist hier nun nicht möglich, die vielen Menschen, oder auch nur die glücklichen Umstände alle aufzuführen, die mit zum Gelingen beigetra-

few minutes later with five captains of the steel industry. "Tell these gentlemen about it", he said. This was just about five minutes before the opening of the 1996 Industrial Fair. We were standing in front of over a thousand people, who were sitting in the hall and waiting for the President of Germany to address them. I gave the gentlemen a quick outline of our idea. This brief conversation was enough: "You must tell us more about it."

A few weeks later, I did exactly that. And lo and behold, key figures from the Steel Federation, the body in which all the leading steel companies co-operate, agreed to put up a third of the sum required for building the Christ Pavilion. They were willing to fund a truly unusual and interesting construction in terms of its content, design and technical challenge.

It simply is not possible to list all the many people or even the fortunate circumstances that contributed to this success. The institutions whose

gen haben. Der Institutionen, deren leitend Verantwortliche sich für dieses Projekt gewinnen ließen, sind viele. Ich nenne nur einige: Die Evangelische Kirche in Deutschland, die ev.-luth. Landeskirche Hannovers, der Stahlverband, die Preußen-Elektra, die Glasindustrie, der Deutsche und der Niedersächsische Sparkassen- und Giroverband, die Nord/LB, die Versicherungsgruppe Hannover(VGH), die

directors were persuaded to support the project are many. I can name but a few: the Protestant Church of Germany, the Lutheran Protestant Church of Hanover, the German Steel Federation, Preussen Elektra, the glass industry, the Deutsche (national) and the Niedersächsische (regional) Sparkassen- und Giroverband (federations of savings and clearing banks), the Nord/LB (bank), the Versicherungsgruppe Hannover (insurance), The Klosterkammer Hannover (chamber of religious congregations), private entrepreneur Friedhelm Loh, the German (Catholic) Bishops' Conference, the Lutheran Protestant Church of Thuringia, the state government of Thuringia, and many, many private donors who invested their own money.

The Protestant Church took charge of the organisation of the works, the procurement of money for the building and its removal, because the structure was to be permanently used in Volkenroda by the Brotherhood of Jesus Gnadenthal. However, the planning was ecumenical, led both by Protestants and Roman Catholics during the many often arduous meetings throughout the four years of preparation. Responsibility for operating the Pavilion during EXPO 2000 was shared and funded by the two Churches.

The five months of EXPO were thus a momentous ecumenical experience for our two Churches, with all the practical challenges and problems, resounding successes and minor breakdowns it entailed. It was always a heart-warming picture

Klosterkammer Hannover, der Unternehmer Friedhelm Loh, die Deutsche (kath.) Bischofskonferenz, die ev.-luth. Landeskirche Thüringens, die dortige Landesregierung und viele, viele Spender, die persönliche Mittel eingesetzt haben.

Die Organisation der Ausführung, die Beschaffung der Gelder für das Bauwerk und seine Umsetzung waren Aufgabe der evangelischen Kirche, da die nachhaltige Nutzung des Baus in Volkenroda durch die Jesus-Bruderschaft Gnadenthal geschehen sollte.

Die Planungen aber haben wir ökumenisch, evangelisch wie römisch-katholisch in vielen, manchmal mühsamen Sitzungen in den vier Jahre der Vorbereitungszeit vorangetrieben. Der Betrieb während der EXPO 2000 wurde von beiden Kirchen verantwortet und finanziell getragen.

Die fünf Monate der EXPO 2000 wurden so mit all ihren praktischen Herausforderungen und Problemen, großen Erfolgen und kleinen Pannen eine großartige ökumenische Erfahrung zwischen unseren Kirchen. Es war immer wieder ein vergnügliches Bild, wenn die evangelisch-lutherische Landesbischöfin Dr. Käßmann gemeinsam mit dem römisch-katholischen Bischof Dr.Homeyer am Altar standen und gemeinsam den Segen spendeten. Darüber hinaus war es das Erlebnis einer unglaublich spannenden und geglückten Kooperation zwischen Kirche, Architekten, Industrie (besonders Stahlindustrie), Handwerk, Wirtschaft und Sponsoren.

whenever the Protestant woman bishop Dr. Kaessmann stood at the altar beside the Roman Catholic Bishop Dr. Homeyer, giving the blessing together. And it was a live experience of an incredibly exciting and successful co-operation between Church, architects, industry (especially the steel industry), trades, commerce and sponsors.

Dem Gottesdienst ist nichts vorzuziehen

Die Zisterzienser, ein Mönchsorden, der 1098 in Burgund als Protest gegen eine verweltlichte Kirche und ihre klösterlichen Gemeinschaften entstand, sahen es als zukunftsweisend an, zu den 600 Jahre alten Regeln des Benedikt von Nursia zurückzukehren. In dessen alter Benediktinerregel heißt es: Dem Gottesdienst ist nichts vorzuziehen.

Das ist zunächst einmal eine ganz schlichte Organisationsregel: Wenn Gottesdienstzeit ist, wird gefälligst

Worship is the first priority

The Cistercians were an order of monks founded in 1098 in Burgundy in protest against a worldly Church and its monastic communities. They saw their future in the return to the 600 year-old rule of St. Benedict of Nursia, which says that nothing comes before worship of God.

This is first of all a very simple rule of organisation. When it is time for worship, you do nothing else! In addition, it expresses an unusual setting of priorities. It says that worship as the place of a conscious relation-

nichts anderes gemacht! Darüber hinaus ist es Ausdruck einer ungewöhnlichen Prioritätensetzung. Sie lautet: Für deinen Alltag ist der Gottesdienst als Ort bewusster Gottesbeziehung grundlegend. Deshalb soll der Tag durch Gebetszeiten strukturiert sein.

Die Zisterzienserklöster Loccum und Volkenroda stehen in der Tradition der evangelischen Zisterziensererben. Dazu gehört auch das „ora et labora bete und arbeite". Luther hat einmal gesagt: Ich habe heute viel zu tun, da muss ich viel beten. Wir würden heute eher sagen: Ich habe heute viel zu tun, da habe ich überhaupt keine Zeit zum Beten. Aber das ist – auch weltlich bedacht sehr kurzsichtig. Wer wirksam arbeiten will, darf sich gerade nicht von seiner Arbeit, gar vom Erfolg seiner Arbeit, innerlich abhängig machen. Wer wirksam arbeiten will, braucht eine Art inneren archimedischen Punkt außerhalb seiner selbst gefertigten Welt, damit er in Gelassenheit und freier Umsicht wirken kann. Wer wirken will, muss über seinem Tun stehen. Andernfalls ist er der Sklave seines Wirkens.

Das nicht umkehrbare „ora et labora" zeigt die Voraussetzung für freies, sachbezoge-

ship with God in everyday life is fundamental. That is why the day should be structured around prayer times.

The Cistercian abbeys of Loccum and Volkenroda are part of the tradition of Protestant heirs of the Cistercians, which includes „ora et labora, pray and work. Luther once said, " I have a lot to do, so I must pray a lot". Today, we would probably say, "I have a lot to do today, I have no time at all for prayer". But that is very short- sighted, even in the worldly sense. People who want to work effectively must make sure they are not inwardly dependent on the success of their work. To work effectively, people need a sort of Archimedean point outside the world they have made for themselves, so that they can work with composure and freedom of mind. People who want to have an impact must stand outside what they do. Otherwise, they become slaves to their work.

The irreversible order of "ora et labora" shows the condition required for free, objective and life-promoting action. But people who try to turn the order around in the way that is

nes und lebensdienliches Tun. Wer das allerdings, wie heute üblich, umkehrt, also zuerst wirken will und den Rest, den er nicht schafft, dann im Notfall von Gott erwartet, macht diesen zum Lückenbüßer. Der Glaube ist die frei machende Grundlage für all mein Tun. Das erst gibt die Freiheit zum Wirken, zum Versagen und zum Neuanfang.

Martin Luther stand den Klöstern seiner Zeit sehr kritisch gegenüber, weil sie sich als von Gott bevorzugten Weg des Heils verstanden. Luther hat immer wieder betont, – was jeder einsichtige Christenmensch weiß, dass die Sünde und Gottesferne im Kloster genau so da sind wie draußen im Alltag der Welt.

Aber er hat Grundeinsichten des Mönchtums, z.B. das „bete und arbeite" entschlossen auf das alltägliche Leben des Christenmenschen angewandt. Ja er hat, wie Melanchthon in seiner Gedenkrede auf Luther 1546 hervorhob, das alltägliche Wirken des

common nowadays, that is to say people who want to have an effect and expect the rest they cannot manage to be taken care of by God if necessary, are making God into a stopgap. Faith is the foundation that gives the freedom for everything I do. Faith is what gives me the freedom to work, to fail and to make a fresh start.

Martin Luther was very critical of the monasteries of his day because they saw themselves as God's privileged way to salvation. Luther always emphasised what every Christian knows, that sin and remoteness from God exist just as much in the monastery as in everyday secular life.

But he had understood some of the basic principles of monastic life. For instance, he applied "ora et labora", squarely to a Christian's everyday life. As Melanchthon said in his memorial speech in 1546, Luther paid homage to the everyday work of Christians like no-one before him. He deliberately referenced the idea of the monk's vocation at the service of God to everyday work. The farmer, the shoemaker, and the blacksmith – each of them is called to their secular service of God because they serve their neighbours. The use of the word "calling" for occupation in this way comes from Luther. The crucial factor is trust in God that makes use of prayer.

Today more than ever before, we need sources of everyday trust in God. Churches are that sort of place. Monasteries and communities can be, too. We pray that the Christ Pavilion at Volkenroda will be such a

Christen gewürdigt wie niemand vorher. Er hat den Gedanken der Berufung des Mönchs zum Dienst vor Gott ganz bewusst auf die beruflichen Aufgaben angewandt. Der Bauer, der Schuster, der Schmied, alle sind sie, weil sie dem Nächsten dienen, berufen zu ihrem weltlichen Gottesdienst. Das Wort Beruf stammt, in dieser Weise benutzt, von Luther.

Das Entscheidende aber bleibt das Gottvertrauen, das zum Gebet greift.

Wir brauchen heute mehr denn je Quellorte des alltäglichen Gottvertrauens. Kirchen sind solche Orte. Klöster und Kommunitäten können es sein. Der Christuspavillon im Kloster Volkenroda als moderne Kirche, in der Menschen zur Ruhe kommen und ihre innere Heimat finden können, wird – dafür beten wir – solch eine Quelle des Gottvertrauens in unserer Zeit sein.

Der Christus-Pavillon in Glas und Stahl ist ein Symbol, das sagt: Glaube als Gottvertrauen ist keine gefühlsduselige Vernebelung des wissenschaftlich-technischen Sachverstandes. Im Gegenteil! Wer dem Gott, der in Christus erkennbar geworden ist, als Lebensgrundlage vertraut, hat den Kopf frei von der Angst um sich selbst und hat dadurch mehr Verstand. Diese Freiheit eines Christenmenschen aber ist die Voraussetzung für verantwortliches Handeln. Dazu braucht es Kirchen und Klöster als Tankstellen der Seele.

Dazu braucht es Menschen, die dem Volk aufs Maul schauen und alltäglich verständlich zeigen, was Beten und Gottvertrauen bedeutet. Viele in dieser Landschaft, aber auch sonst in Deutschland haben kaum Erfahrung

source of trust in God, a modern church in which people can find repose and an inner home.

The Christ Pavilion in glass and steel is a symbol that says, "Faith in the form of trust in God is not a sentimental cloud over scientific and engineering expertise. On the contrary, those who trust in the God who revealed Himself in Christ as the foundation of life, have their head clear of fear for themselves and therefore more mental capacity. This freedom of a Christian personality is the pre-requisite for responsible action. And that is why churches and monasteries are necessary for the soul to recharge the batteries.

This requires people who will "watch the lips" of the people and show in understandable everyday language what prayer and trust in God mean. Many people in this part of the country, and elsewhere in Germany, have hardly any experience of faith. At the same time, however,

mit dem Glauben. Gleichzeitig aber haben sie eine unbestimmte Sehnsucht nach einer Lebensgewissheit, die jenseits unserer Erfolge und Pleiten gültig ist.

Im Christus-Pavillon auf der EXPO 2000 stand über dem Altar – ausgeliehen aus dem Kölner Schnütgen-Museum – eine beschädigte Christusfigur aus dem 12. Jahrhundert: der Gekreuzigte ohne Arme und Füße mit einem wunderbar stillen Gesicht. Wir sind oft gefragt worden, warum wir ausgerechnet solch einen Torso da hingehängt haben. Ich habe manchmal erwidert: „Damit Sie nachfragen können. Bei einem normalen Kruzifix hätten Sie nämlich nicht gefragt." Jesus hat Gott vertreten bei denen, die sich als von Gott verlassen erlebten: bei den Aussätzigen, den Blinden, den Gelähmten. Er hat ihnen gezeigt, dass sie nicht von Gott verlassen sind. Bis er selbst unter die Räder kam und gekreuzigt wurde. „Mein Gott, mein Gott, warum hast du

they have vague longings for a certainty in life with validity beyond our own successes and failures.

Above the altar in the Christ Pavilion at EXPO 2000 was a damaged 12th century figure of Christ lent by the Schnütgen Museum in Cologne. The crucifix without arms and legs has a wonderfully serene face. We were often asked why we had put such a torso there. I sometimes answered, "to give you something to ask about. If we had put a normal crucifix there, you would never have asked." Jesus was God's representative among those who felt abandoned by God, the lepers, the blind, and the paralysed. He continued to show them that God does not abandon them, until He was caught up in the system Himself and crucified. "My God, my God, why have you abandoned me," he cried out and expired with a cry on his lips. For everyone in this world who is re-

mich verlassen?" rief er und starb mit einem Schrei. Der Karfreitag ohne Ostern ist Symbol für alle Verzweiflungen, für alle Gottesferne in dieser Welt. Aber der Karfreitag im österlichen Licht ist das Zeichen der Überwindung solcher Verlorenheit. Die Jünger und Jüngerinnen Jesu, die ihn nach seinem Tod sahen, begriffen – langsam zunächst: Gott hat ihn doch nicht verlassen. Gott hat ihn selbst zur Botschaft gemacht. Diese Botschaft besagt: Selbst dann, wenn du dir von Gott und allen guten Geistern verlassen vorkommst, du bist nicht verlassen. Der Gekreuzigte im österlichen Licht steht dafür. Deshalb halten sich Christenmenschen ans Kreuz.

Spirituell bestimmte Gestaltung

Glas und Stahl, modern und beheimatend, klösterlich brauchbar, ein Kirchenraum, ein Kreuzgang: Das war die Vorgabe aus Volkenroda. Sie war von der Jesus-Bruderschaft in Gnadenthal und Volkenroda zusammen mit dem ihr verbundenen, inzwischen verstorbenen Architekten Hornschuh, der einst das Bonner Bundeskanzleramt entworfen hat, entwickelt worden. Er hatte bereits ein Modell vorgelegt, eine Art Romanik in Glas und Stahl, ganz auf Volkenroda zugeschnitten. Aber war das auch für die EXPO 2000 brauchbar?

Wir haben dann entschieden, dass es einen begrenzten Wettbewerb geben sollte. Das war nicht ganz leicht für Herrn Hornschuh, aber er ließ sich darauf ein.

Von den fünf eingereichten Entwürfen war der Entwurf des Hamburger Architekten Meinhard von Gerkan

mote from God, Good Friday without Easter is a symbol of the utmost desperation. But Good Friday in the light of Easter is the sign of overcoming that desolation. The followers of Jesus who saw Him after His death understood, slowly at first, that God had not abandoned them after all. God made Him personally into the message that says, "Even when you think you are abandoned by God and all good spirits, you are not alone." That is what the crucifix stands for in the paschal light. That is why Christian people keep to the cross.

Spiritually determined design

Glass and steel, modern and homely, monastically useful, a church and a cloister. Those were the specifications from Volkenroda. The Brotherhood of Jesus in Gnadenthal and Volkenroda had developed them together with the late architect Hornschuh, who had designed the Federal Chancellery in Bonn. He had already presented a model, a sort of Romanic theme in glass and steel, perfectly tailored to Volkenroda. But would it do for EXPO 2000?

We then decided that there should be a limited competition. It was a hard decision for Mr. Hornschuh, but he went along with it.

Of the five designs submitted, we found the one by the Hamburg architect Meinhard von Gerkan together with Joachim Zais of Brunswick, by far the most impressive. Anyone who experienced the many visitors walking along the filled areas in the

wohl nicht kommen. Wir aber haben uns nicht beirren lassen. Und es zeigte sich, diese Stundengebete waren, neben anderen geistlich bestimmten Veranstaltungen, das, was die Menschen am meisten ansprach. Es war freilich auch kein Ausstellungsstück, es war Gelegenheit zum Beten.

So viel in eine Kirche investieren?

Noch einmal zurück zu der Frage: Warum gebt Ihr für so etwas so viel Geld aus?

All that investment in a church?

Back to the question, "Why spend so much money on something like that?"

Answer: because worship of God and God's house are vitally important for people. Without enlightened religion, humanity withers. Our churches are a visible and tangible reminder of human dignity, which must not be reduced to a person's market value, usefulness or how much he or she is worth.

Antwort: Weil Gottesdienst und Gotteshaus für die Menschen lebenswichtig sind. Ohne aufgeklärte Religion verkümmert die Menschlichkeit. Unsere Kirchen sind sichtbarer und erlebbarer Hinweis auf eine Würde des Menschen, die sich nicht auf seinen Marktwert, seine Brauchbarkeit, seinen Nutzen reduzieren lässt.

Es ist nötig, immer wieder deutlich zu machen: Kirchen sind keine denkmalgeschützten Bauten zur Pflege überholter Gefühlswelten. Nein, Kirchen sind zuerst unverzichtbare Orte der individuellen und der gemeinschaftlichen Besinnung auf die Geschöpflichkeit und Würde des von Gott gewollten Menschen.

Mancher, der missmutig meint, mit dem Geld hätte man viel besser etwas Soziales machen können, rechnet viel zu kurz. Die Loccumer Klosterkirche hat seinerzeit auch unvernünftig viel gekostet. Welchen Segen hat das gebracht durch die Jahrhunderte!

Die Christenheit überliefert die Erfahrung, dass solche Investitionen ungleich höhere „Erträge" im Hinblick auf Nächstenliebe und gesellschaftliche Verantwortung bringen. Die Bibel sagt: Wer da kärglich sät, der wird auch kärglich ernten; und wer da sät im Segen, der wird auch ernten im Segen (2.Kor.9,6).

Solchen Segen wünschen wir der Jesus-Bruderschaft in Volkenroda und allen Menschen, die diesen Ort mit unserer Christus-Kirche aufsuchen.

The need to reiterate this never goes away. Churches are not just listed historic monuments for the maintenance of outdated worlds of emotion. No, churches are essential places for individual and shared reflection on the nature of humankind as God's creation.

Many of those who complained that the money could have been better used for social purposes are missing something. Loccum abbey church also cost an unreasonably large sum when it was built. But what blessings it has given through the centuries!

Christendom hands down the experience that this kind of investment brings in disproportionately high "earnings" in Christian charity and social responsibility. The Bible tells us that, "He who sows sparingly will reap sparingly, and he who sows bountifully will reap bountifully." (2 Cor.9,6)

We wish the Brotherhood of Jesus and everyone who comes to the village with our Christ Church such blessings.

Kirche und EXPO – Konzepte, Entwürfe, Auftrag

Church and EXPO: conceptions, designs, and assignment

Gerhard Wegner

Die evangelische Kirche in Deutschland und die katholische Deutsche Bischofskonferenz wollen mit einem gemeinsamen Pavillon an der Weltausstellung EXPO 2000 in Hannover vom 1. Juni bis zum 31. Oktober 2000 teilnehmen.

Dieser Entscheidung sind lange und intensive Diskussionen über das Für und Wider dieser Beteiligung und über die Art des Auftritts der christlichen Kirchen vorangegangen.

The Protestant Church of Germany and the German Catholic Bishops' Conference are to share a pavilion for their presence at the World Exhibition EXPO 2000 from June 1 to October 31 2000 in Hanover.

This decision was preceded by long and intensive discussion of the pros and cons of this participation and about the nature of Christian Churches' presence.

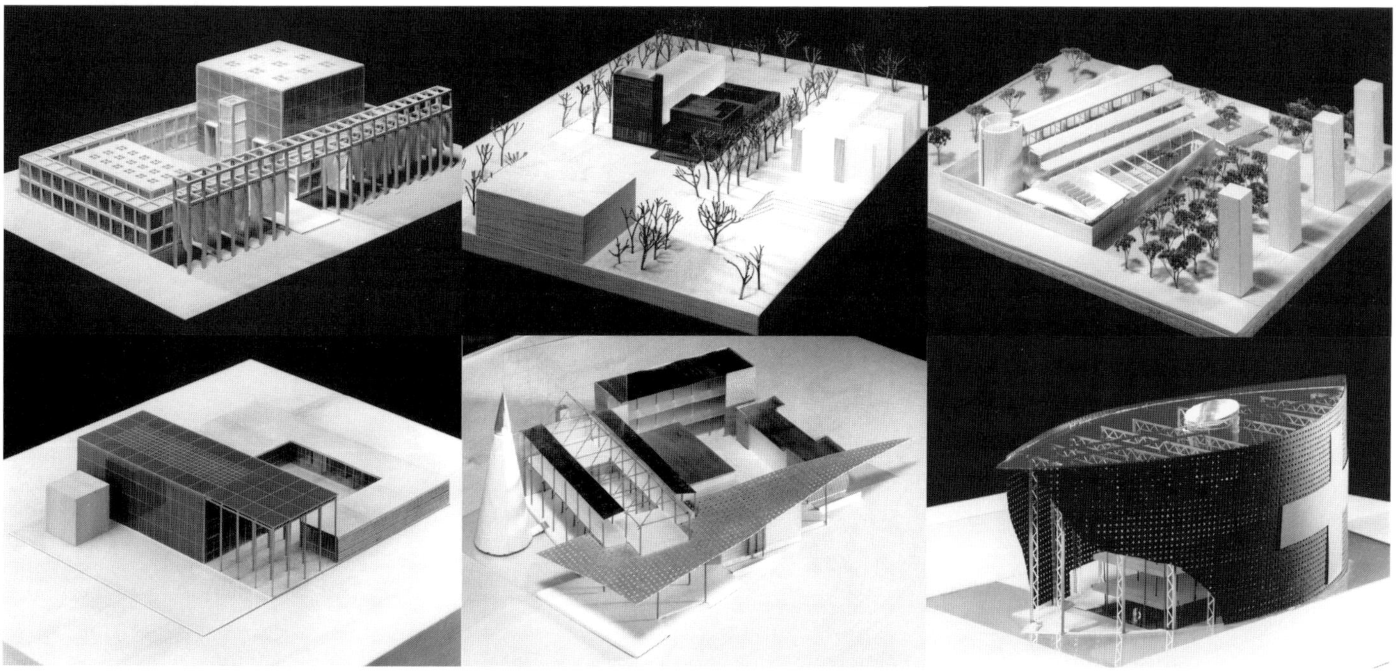

Weltausstellungen sind Marktplätze der Welt, in denen alles gezeigt wird, was Menschen heute interessiert und fasziniert.

Gute Weltausstellungen haben in der Vergangenheit zur Verständigung zwischen Menschen aus verschiedenen Ländern, Kulturen und Religionen beigetragen, und hierin besteht auch das Ziel der ersten Weltausstellung in Deutschland. Sie sind ein pluralistisches Geschehen, in denen sich die Anbieter der verschiedenen Projekte und Attraktionen gegenseitig Konkurrenz machen und an Besucherzahlen übertreffen wollen.

Das Ziel der Teilnahme der beiden großen christlichen Kirchen kann nun in nichts anderem bestehen, als christlichen Glauben im Gefüge der Weltausstellung für ihre Besucher wahrnehmbar zu machen. Die Bühne Weltausstellung soll hierfür genutzt werden.

In den Überlegungen, wie die Präsentation der christlichen Kirchen auf der EXPO aussehen soll, ist lange Zeit die Möglichkeit in Betracht gezogen worden, aus Kostengründen in eine der bestehenden Messehallen zu gehen. Der Durchbruch zur Entscheidung, mit einem eigenen Pavillon aufzutreten, geschah dann, als sich die Möglichkeit abzeichnete, für das Gebäude eine Nachnutzung in Thüringen sicherzustellen. Nur durch solch eine Nachnutzung ist die Entscheidung der beiden christlichen Kirchen möglich gewesen, ein eigenes Gebäude für die EXPO zu planen. Dieses dann hinterher wieder abzureißen, hätte man in den Kirchen nicht vertreten können.

World Exhibitions are market places for the world, in which everything that might interest and fascinate the people of today is put on display.

Good World Exhibitions in the past have made a contribution to understanding between people from different countries, cultures and religions, which was also the objective of this first World Exhibition in Germany. It is a pluralistic happening, in which different projects and attractions compete for the highest number of visitors.

The purpose of the Churches' participation could never be anything other than to make the Christian faith perceivable for visitors within the structure of the World Exhibition, which stages the special setting.

One of the ideas that was considered a possibility for quite some time during the deliberations about how to present the Christian Churches at EXPO was an exhibit in one of the exhibition halls, mainly for reasons of cost. The breakthrough to the decision to go for their own pavilion came when it began to emerge that a permanent use for the building might be found in Thuringia. It was the prospect of this permanent use that steeled the Christian Churches to take the plunge and plan their own building for EXPO. It would not have been possible within the Churches to justify a building that would have to be demolished after EXPO.

However, the buildings planned for the restoration of the abbey complex at Volkenroda in Thuringia, the

Christus-Pavillon
世界博覧会-教堂
ЭКСПО - ЦЕРКОВЬ
教堂
la iglesia de EXPO

Die geplanten baulichen Anlagen für den Wiederaufbau des Klosters Volkenroda in Thüringen, die als Nachnutzung des EXPO-Projektes in Frage kommen, waren nun jedoch nicht von der Art, daß sie sich 1:1 auf das EXPO-Gelände hätten stellen lassen können.

Aus diesem Grund entschlossen sich die beiden Kirchen, einen Planungsprozeß mit fünf Architekturbüros in Gang zu setzen, um die genaue bauliche Gestalt des Christlichen Pavillons für das EXPO-Gelände festzulegen. Über diesen Planungsauftrag informiert die vorliegende Broschüre.

Es sind von den fünf Architekturbüros insgesamt sechs verschiedene Modelle für den Pavillon erarbeitet worden. Sie werden hier vorgestellt. Der Prozeß zog sich über mehrere Wochen hin und endete zunächst mit der Entscheidung einer von den Kirchen erhobenen Expertenkommission zugunsten des Entwurfes des Architekturbüros von Gerkan, Marg und Partner. Diese Entscheidung wurde dann von den Kirchenleitungen übernommen.

Der Pavillon soll den Bedingungen der Weltaussstellung gerecht werden und zugleich auf deutliche Weise einen christlich-religiösen Akzent setzen. Angestrebt wird, einen Pavillon zu gestalten, der

- in der Konkurrenz mit anderen Angeboten und Gebäuden mithalten kann;
- viele Besucher anlockt;
- für die Besucher der EXPO problemlos als christliches Bauwerk identifizierbar ist.

intended subsequent use for the EXPO project, did not entirely fit in with a presence in the EXPO grounds.

For this reason, the two Churches decided to engage in a planning process with five architects in order to establish the exact nature of the building for the Christian Pavilion for the EXPO site.

Six different models for the Pavilion were created by the five architects, and they are presented here. The process took several weeks and reached its first climax with the decision by a committee of experts appointed by the Churches in favour of the design by the architects von Gerkan, Marg and Partners. This decision was then adopted by the Church leaderships.

The Pavilion had to comply with the World Exhibition requirements and at the same time set a clear Christian and religious accent. The objective was to design a pavilion that would be able to compete with rival attractions and buildings draw in large numbers of visitors be readily identified by EXPO visitors as a Christian building.

The necessity for a clear external Christian identity for the building required that it should be designed as a church or be recognisable as a church. A conventional church usually comprises a consecrated space easily identifiable as such both from the inside and the outside with a tower of one sort or another. The fact that such a complex as a monastery, for instance, often includes other rooms, gave rise to the idea of de-

gmp – von Gerkan, Marg + Partner

Elbchaussee 139, 22763 Hamburg

Prof. Meinhard von Gerkan
Dipl.-Ing. Joachim Zais
Dipl.-Ing. Gregor Hoheisel
Dipl.-Ing. Sona Kazemi
Dipl.-Ing. Stephan Rewolle

Kleine · Ripken · Teicher

Architekten BDA
Reinholdstraße 17, 30167 Hannover
Dipl.-Ing. Christian Kleine
mit
Dipl.-Ing. Charlie Becker
Dipl.-Ing. Carola Schäfers
Mitarbeiterin:
Dipl.-Ing. Katharina Loges

Planungsgruppe Stieldorf

Hornschuh · Pollich · Türler
Margaretenstraße 1, 53639 Königswinter
Dipl.-Ing. Günther Hornschuh
Dipl.-Ing. Georg Pollich
Dipl.-Arch. Peter Türler

Prof. Peter Kulka

Architekt BDA
Neusser-Straße 27-29, 50670 Köln

Dipl.-Ing. Jochen Kastner
Dipl.-Ing. Philippine v.Thüngen-Reichenbach

3L-PLAN Architekten + Industriedesigner

Horlecke 11c, 58706 Menden
Radebergerstraße 51, 01099 Dresden

Dipl.-Ing. Architektin Veronika Lenze
Dipl.-Ing. Architekt Klaus Th. Luig
Dipl.-Ing. Architektin Ariane Walter
Dipl.-Ing. Architekt Andreas Dieterich
Dipl.-Ing. Architekt Helge Hauert
Dipl.-Ing. Architekt Ludger Kilian

Die Notwendigkeit der klaren äußeren Identifizierbarkeit des Gebäudes als eines christlichen erfordert seine Gestaltung als Kirchbau bzw. als Zitat desselben. Zur Kirche gehören herkömmlich elementar ein von außen und innen erkennbarer Sakralraum und ein – wie auch immer gestalteter – Turm. Weil darüber hinaus zum Beispiel eine Klosteranlage weitere Räume integriert, ist die Überlegung entstanden, den Gebäudekomplex unter Zitierung klassischer Klosteranlagen zu konzipieren.

Es soll reizvoll sein, in diesen Gebäudekomplex hineinzugehen, und zugleich soll den Besuchern der eigenständige Beitrag des christlichen Glaubens zur Ausgestaltung des Themas der EXPO: Mensch-Natur-Technik verdeutlicht werden.

Zudem müssen die wesentlichen Bauteile des Projektes einer Nachnutzung nach der EXPO zugeführt werden können, da die Errichtung eines Gebäudes nur für die fünf Monate der Weltausstellung ausgeschlossen ist.

In diesem Zusammenhang kam der Plan auf, zum Wiederaufbau des Klosters Volkenroda in Thüringen beizutragen. Ferner zeichnet sich die Bereitschaft der deutschen Stahlindustrie ab, Elemente des Pavillons für eigene Zwecke nachzunutzen.

Die evangelische und katholische Kirche beabsichtigen nun, für den EXPO-Pavillon zum einen so viel wie mögliche Bauteile zu nutzen, mit denen das Zisterzienserkloster in Volkenroda – vor allem die Kirche (das sogenannte Langhaus) – wiederhergestellt werden kann.

signing a complex reminiscent of classical monastic buildings.

As well as making a visit to the complex enjoyable, it also had to communicate the Christian faith's special individual contribution to the EXPO theme of „Humankind – Nature – Technology".

Furthermore, the essential parts of the project had to be capable of being put to permanent use after EXPO, as the construction of a building just for the five months of the World Exhibition was out of the question.

This was the context in which the plan for a contribution to the restoration of Volkenroda abbey in Thuringia arose. Moreover, the German steel industry was showing signs of interest in using some elements of the pavilion for its own purposes after EXPO.

The Protestant and Catholic Churches now intend both to re-use as much as possible of the EXPO pavilion for the rebuilding of the Cistercian abbey in Volkenroda, particularly the church (known as the nave or long house), and to put another building to multi-functional use after EXPO as residential or office space. This will demonstrate the possibilities of glass and steel structures. Where this building is to be erected had not yet been decided.

The architects had to comply with the necessities of subsequent use and also EXPO requirements:

The complex must be part of the World Market Place at EXPO and be capable of communicating with everything going on there;

Zum anderen soll ein weiterer Baukörper nach der EXPO multifunktional als Wohn- oder Bürogebäude, das exemplarisch die Möglichkeiten des Glas- und Stahlbaus demonstriert, genutzt werden. Wo dieses Gebäude errichtet wird, ist zur Zeit noch offen.

Die Planungen müssen unter Berücksichtigung der Nachnutzungsnotwendigkeiten die folgenden Anforderungen auf der EXPO umsetzen:

- Die Anlage muß während der EXPO ein Teil des Marktplatzes der Welt sein und mit ihrem Geschehen kommunizieren können.
- Der Christliche Pavillon muß sich auf dem EXPO-Gelände in einer Konkurrenzsituation behaupten, die von markanten Zeichen geprägt ist.

Die Anforderungen auf dem EXPO-Gelände:

- Es ist anzustreben, daß erhebliche Besucherströme durch das Projekt hindurchflanieren können. Hierauf muß die räumliche Gestaltung ausgerichtet sein. Lange Warteschlangen vor dem Projekt müssen vermieden werden. Eine Wartezeit länger als eine Stunde ist nicht zuzumuten. Für diesen Zweck sind attraktiv gestaltete Stauräume vorzusehen.
- Innerhalb des Projektes ist mit einer relativ kurzen Verweildauer zu rechnen. Innerhalb kurzer Zeit, gerechnet wird im Durchschnitt mit einer Aufenthaltsdauer von 30 Minuten, sollen die Besucher in der Regel das Projekt wieder verlassen haben. Dabei muß es Möglichkeiten geben, das Gebäude auch schneller zu durchwandern bzw. sich länger vertiefend mit einzelnen, dafür vorgesehenen Aspekten zu beschäftigen.

The Christian Pavilion must stand out from other competition through its prominent distinguishing signs.

Requirements for the EXPO environment:

Efforts should be made to ensure that substantial flows of visitors can wander through the project. The spatial design must allow for this. Long queues at the entrance must be avoided. Waiting times of more than an hour are not acceptable. To this end, attractive facilities must be provided in case of congestion.

Once they are inside the building, the visitors' stay is likely to be fairly short. The expectation is that they will probably be out again within about 30 minutes on average, although there should be opportunities for a quicker walk-through or alternatively, for more intensive involvement with individual aspects provided for that purpose.

In order to meet all these requirements, the project as a whole is headed by a main theme, which will give the visitors a core statement of Christian faith to take away with them. Ideally, this should be present throughout the entire space, which must contain primal artefacts of faith.

– Um dem gerecht zu werden, unterliegt die Gestaltung des Gesamtprojektes einer Leitidee, die den Besuchern eine Kernaussage des christlichen Glaubens mit auf den Weg geben soll. Angestrebt ist eine atmosphärische gesamträumliche Inszenierung unter Einbeziehung von originalen Artefakten des Glaubens.

Auszüge aus dem Protokoll
...der Beratungen der Expertenkommission zur Begutachtung der Entwürfe für den Christlichen Pavillon auf der EXPO 2000

Mitglieder:
Prof. Karljosef Schattner, Eichstätt
Ministerialdirigent a.D. Peter Baum, Hannover
Prof. Dr. Horst Schwebel, Marburg
Burkhard Kayser, Hannover
Jürgen Eppinger, Hannover
Erzdiözesanbaumeister Josef Rüenauver, Köln
Rainer Voltmer, Hannover

Extracts from the minutes
...of the deliberations by the committee of experts judging the architectural designs for the Christian Pavilion at EXPO 2000

Members
Professor Karljosef Schattner, Eichstätt
Ministerialdirigent (ret'd.) Peter Baum, Hanover
Professor Horst Schwebel, Marburg
Burkhard Kayser, Hanover
Jürgen Eppinger, Hanover
Josef Rüenauver, Master of Works of the Archdiocese of Cologne
Rainer Voltmer, Hanover

The committee of experts has decided unanimously to make a recommendation to the client that it should award the contract for the further planning and execution of the project to

von Gerkan, Marg and Partners.

The committee of experts would like to make the following sugges-

Die Expertenkommission beschließt einstimmig, den Bauherren zu empfehlen, den Verfasser der Arbeit

von Gerkan, Marg und Partner

mit der weiteren Planung und Durchführung der Aufgabe zu betreuen.

Die Expertenkommission gibt einige Anregungen für die weitere Bearbeitung dieses Projektes:

Sehr positiv wird der kirchliche Ausstellungsbereich beurteilt. Es gelingt hier dem Architekten, mit wenigen Elementen eine Feierlichkeit zu erzeugen, die dem geforderten Anspruch gerecht wird.

Positiv wird die Krypta gesehen, allerdings ist der Auf- und Zugang mit zwei Treppen zu hinterfragen. Die zweite Treppe sollte lediglich, wenn gefordert, als Fluchtweg ausgewiesen werden.

Weiterhin wird sehr positiv die Anregungverstanden, Kleinräume zu bauen, die den Großraum umstellen und vielfältige Möglichkeiten für eine introvertierte Darstellung von bestimmten Themen bieten.

Sehr positiv wird der Gitterrost vor der Eingangsfassade gesehen, da es ein wichtiges Element ist, die gesamte Anlage gegenüber der unruhigen Umgebung abzuschirmen und trotzdem mit Hilfe der Fahnen und Transparente eine einladende Geste zu formulieren.

Der Vorschlag des Architekten, den Pavillon aus einzelnen Elementen zusammenzusetzen, die wieder in Volkenroda Verwendung finden sollen, wird begrüßt. Es wird dem Bauherrn empfohlen, den Architekten mit der Umsetzung des Gebäudes nach Vol-

tions for the further planning of this project: The committee is very pleased with the church exhibit area. The architect has succeeded in creating an atmosphere of solemnity which is in keeping with the requirements while using a very small number of elements.

The committee likes the crypt, although the need to have two staircases for access and exit should perhaps be re-examined. If the second staircase is called for, it should merely be an escape route.

The committee welcomes the idea of including small spaces placed around the large church and offering versatility for the presentation of a more contemplative treatment of specific themes. The committee very much likes the lattice structure in front of the entrance façade, as it is an important element for shielding the whole complex from its busy surroundings, although it can still express a welcoming gesture when trimmed with flags or banners.

The committee welcomes the architect's idea to assemble the pavilion out of individual elements that can be re-used in Volkenroda. It recommends that the client should also award the contract for the removal of the building to Volkenroda to the architect and ensure that he carries out the work together with the architect already working there. The architect's proposal for the construction principle has been thoroughly well thought out and detailed in such a way that the 3.6 m. length of the elements makes them

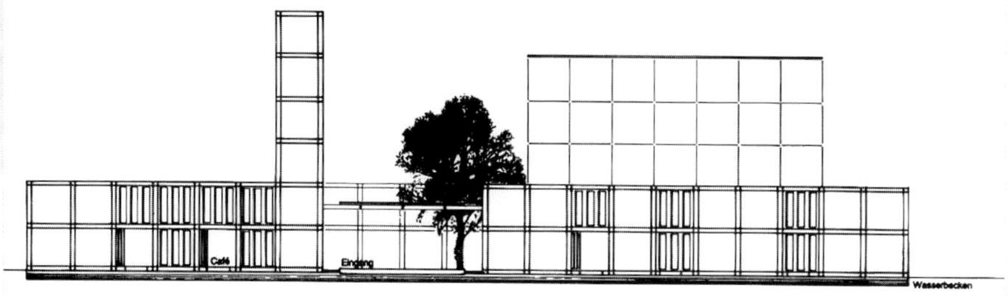
Café
Eingang
Wasserbecken

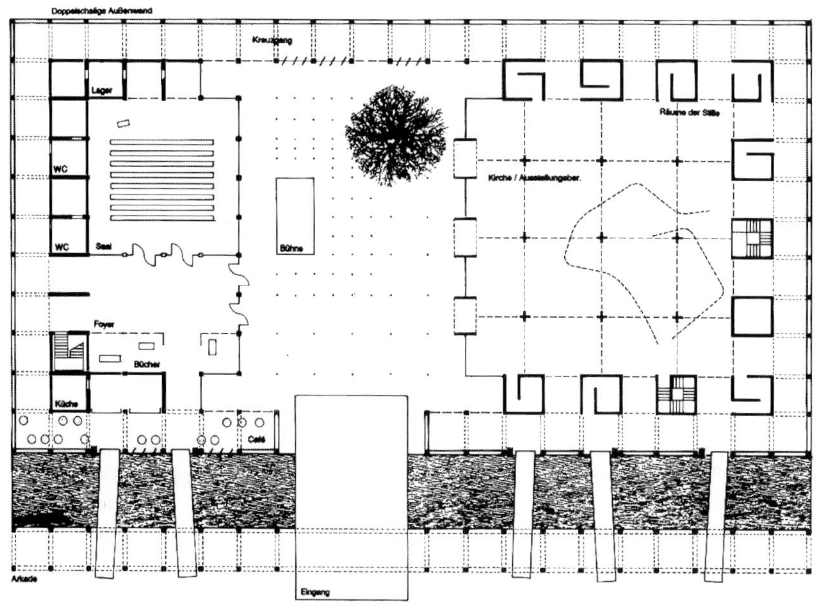
Doppelschalige Außenwand
Kreuzgang
Lager
Räume der Stille
WC
Kirche / Ausstellungsber.
WC
Saal
Bühne
Foyer
Bücher
Küche
Café
Arkade
Eingang

kenroda ebenfalls zu beauftragen und ihn zu veranlassen, daß er die Maßnahme gemeinsam mit dem dort schon tätigen Architekten realisiert.

Das von dem Architekten vorgeschlagene Konstruktionsprinzip ist gründlich durchdacht und so elementiert, daß die 3,60 m langen Elemente ohne Schwierigkeiten zu transportieren sind. Das Vorhaben kann mit heutigen vorfabrizierten Stahlelementen ausgeführt werden.

Vorstellen könnte man sich, daß viele Bauteile vom Material her anders als die übrigen Elemente im Gebäude ausgeführt werden. So müßten die Verglasung und die weiteren Details mit dem Bauherrn besprochen werden.

Kontrovers werden die drei gleichen Portale am Eingang diskutiert. Das sollte bei der späteren Überarbeitung noch einmal geprüft werden.

Man ist sich auch darüber einig, daß auf den Turm verzichtet werden kann, wünscht aber, daß man in der weiteren Bearbeitung zu einem Zeichen vor dem Gebäude kommt, das einen Hinweis auf das Innere gibt.

Raumkonzeption

Ein umlaufender, nur in der Breite des Platzes ausgesparter Kreuzgang von 3,60 m Breite und 7,20 m Höhe umgrenzt den Gesamtkomplex und dient zugleich als Wandelhalle und Ausstellungsinszenierung.

Im nördlichen Teil des Komplexes umfaßt er den Veranstaltungssaal mit zugehörigem Foyer, Bookshop, Café und den Räumlichkeiten für Büros.

Im südlichen Teil des Komplexes umfaßt der Kreuzgang einen impo-

easy to transport. The project can be executed with the kind of pre-fabricated structural steel elements already in production.

The committee could imagine that many of the building sections could be made of different material to the other elements of the building. Thus, the glazing and other details would have to be discussed with the client. There was some controversy about the three identical portals at the entrance. This should be re-examined when the plans are revised later. There was agreement that no tower is needed. However, it would be desirable for a sign to be included in front of the building in a later revision of the plans, to give an indication of what is inside.

Concept

A 3.6 m wide cloister with a height of 7.2 m. runs all around the outer boundary of the complex, the only gap corresponding to the width of the square. It serves as a foyer and a setting for exhibits.

It surrounds the main hall of events with the associated lobby, bookshop, café and offices to the north of the complex.

In the southern part of the complex, the cloister runs round an imposing, spacious hall measuring 21 x 21 m. with a height of 18 m., the roof of which is supported by nine slender, cross shaped steel pillars. The interior, accentuated by special solemnity and dignity achieved with lighting and the emphasis on vertical lines, can be accessed directly from

soll mit Materialien verschiedenster Art aus dem Bereich der Natur, der Technik und dem Bereich des Menschen als Bestandteil einer Gesamtdramaturgie gefüllt werden. In Abhängigkeit von der jeweiligen Füllung werden diese Wände partiell mehr oder weniger transluzent, partiell auch transparent sein. Auf diese Weise kann die Lichtstimmung entlang des Kreuzganges modifiziert und unterschiedlich dramatisiert werden.

Der Leitgedanke zum Entwurf unseres Pavillons wird von zwei Themen bestimmt.

Zum einen gilt es, einen Ort der Besinnung zu schaffen. Im Spannungsfeld zwischen Massenveranstaltung und der Vermittlung christlicher Themen erscheint uns dies wichtig. Mit diesen Vorstellungen von Kontemplation verbindet sich ein formales Erscheinungsbild, das seinen Ursprung in der inhaltlichen Auseinandersetzung hat. Zum anderen ist unser Pavillonentwurf entscheidend von der Idee eines Weges geprägt, der den Besucher durch die Anlage führt.

Der Entwurf stellt sich als Ensemble von drei Baukörpern dar. Turm, Ausstellungshaus und Veranstaltungshaus stehen auf einem Plateau als Basis der Gesamtanlage, erhöht vom normalen EXPO-Geschehen über eine Rampe erreichbar. Die Positionierung des Veranstaltungshauses definiert mit Vorplatz und Hof zwei unterschiedliche Außenräume. Ein Arkadengang begrenzt den Hof und macht ihn so zu einem Binnenraum der Anlage. Der Besucher gelangt in eine Abfolge unterschiedlicher Baukörper und Programmpunkte, die jeweils eine eigene Raumqualität vermitteln.

In this way, the mood of the lighting can be modified along the cloister and dramatised in different ways.

The dominant idea for our pavilion is determined by two themes:

One is to create a place of contemplation. This seems to us to be of special importance in the tension between the mass event and the communication of Christian themes. Combined with these ideas of contemplation is a formal appearance originating from the contrast in content. The other crucial and characterising idea of our pavilion design is the way the visitor is guided / led through the complex.

The design presents itself as a complex of three buildings. The tower, the exhibition hall and the hall of events stand on a plateau forming the base of the whole complex, raised above the normal happenings at EXPO and reached by a ramp. The positioning of the hall of events defines two external spaces with the square in front and the inner courtyard. An arcade walk is arranged around the sides of the courtyard and makes it into an inner space within the complex. The visitor walks into a series of different buildings and programme items, each of which communicates its own particular spatial quality.

The tower marks the main access to the exhibition area. It grows out of the closed pediment of the whole complex and is the distinguishing sign of the pavilion. Its extreme spatial cross section with zenith light only communicates a certain sublimity marking the start of the exhibition.

Der Turm markiert den Hauptzugang zum Ausstellungsbereich. Er wächst aus dem geschlossenen Socke der Gesamtanlage hervor und ist bestimmendes Zeichen des Pavillons. Sein extremer Raumquerschnitt – ausschließlich mit Zenitlicht versorgt – vermittelt eine gewisse Erhabenheit als Auftakt der Ausstellung.

Über eine räumliche Verengung gelangt der Besucher in das Ausstellungshaus. Auch hier ist der Sockel geschlossen. Über ihm erhebt sich eine lichte zweischalige Fassadenkonstruktion mit transluzentem Glas, die den Raum mit Tageslicht flutet, ohne jedoch Durchblicke zu gewähren. Abends wirkt das Haus von außen betrachtet wie ein Leuchtkörper. Seitliche Konchen bieten neben einem direkten Durchweg Vertiefungsmöglichkeiten an.

Vom Ausstellungshaus gelangt der Besucher in einen Arkadengang, der sich durch geschlossene Wandscheiben oder Öffnungen wechselweise zum EXPO-Bereich nach außen oder aber zum Innenhof öffnet.

Von diesem Arkadengang kann der interessierte Besucher den Raum der Stille im Untergeschoß erreichen. Dieser Raum ist unterhalb der Wasserfläche des Hofes gelegen und über einen Lichtschlitz belichtet. Dem Raum der Stille ist als einstimmender Gegensatz ein Raum mit einer Klanginstallation vorgeschaltet.

Am Ende des Weges befindet sich das Veranstaltungshaus mit dem ebenerdigen Veranstaltungsraum. Dieser Raum, in dem auch Andachten abgehalten werden, öffnet sich ausschließlich zum Innenhof mit der Wasserfläche.

The space then narrows as the visitor enters the exhibition hall. Here, too, the pediment is closed. A light double-shell façade construction with translucent glass rises above it, inundating the interior with daylight without being see-through. When seen from outside in the evenings, the building looks like a lighting feature. Lateral alcoves offer not only a direct passage through but also provide opportunities to show more in-depth features.

The visitor moves from the exhibition hall into the arcade walk that opens alternately either with solid wall panels or openings to the EXPO area or to the inner courtyard.

If the visitor is interested, he or she can go to the quiet room in the basement from the arcade walk. This room lies beneath the water feature in the courtyard and receives light from a lighting shaft. Ahead of the quiet room, there is a sound feature by way of contrast to set the mood.

The house of events with the main hall at ground level is situated at the end of the pathway. The main hall, in which religious services will be held, opens only to the inner courtyard with the water feature

Ancillary facilities for different purposes in the pavilion are located in the upper storeys of the hall of events. The cafeteria up at attic level completes the tour of the complex.

The planning situation at EXPO in Hanover is characterised by the immediate juxtaposition of the German Pavilion, the Plaza and the access bridge running diagonally along the northern boundary of the site.

In den Obergeschossen des Veranstaltungshauses befinden sich die ergänzenden Nutzungen des Pavillons. Die Caféteria im Dachgeschoß stellt den Abschluß des Rundweges dar.

Die städtebauliche Situation auf der EXPO in Hannover ist gekennzeichnet durch die unmittelbare Nachbarschaft des Deutschen Pavillons, der Plaza und der an der nördlichen Grundstücksgrenze verlaufenden diagonalen Erschließungsbrücke. Die von außen deutlich erkennbaren Merkmale des Christlichen Pavillons sind: Turm, Schiff, Wand und Wasser.

Umschlossen von einer 4 m hohen Corten-stahlwand liegt der Hauptbaukörper, die stufenbergartige Kir-

The clearly recognisable external features of the Christian Pavilion are the tower, the nave, the wall and the water.

Enclosed by a 4 m. high corten steel wall, the main building, the step mountain like church, stands diagonally across the site pointing clearly in the direction of the main Plaza. The visitor coming from the Plaza is guided by a waterway to the entrance building reminiscent of a cloister marking a gap in the monastery wall and inviting the visitor to enter. The pathway inside the pavilion leads through the entrance hall to the southern starting point of the presentation hall.

This hall dominates the pavilion with its height graded in three steps

che, diagonal auf dem Grundstück mit deutlicher Orientierung zur Plaza hin. Von der Plaza aus wird der Besucher durch eine Wasserstraße zum Eingangsbauwerk geführt, dem Zitat eines Kreuzganges, der die Klostermauer durchbricht und den Besucher zur Einkehr einlädt. Der Weg innerhalb des Pavillons führt über die Eingangshalle zum südlichen Anfang des Präsentationsraumes.

Dieser Raum beherrscht mit seiner Höhe und der dreifachen Abstufung über einer Fläche von 24 x 48 m den Pavillon. An der westlichen Längsseite ganz geschlossen, öffnet sich der Raum nach Osten zu den Präsentationshöfen. Der Rhythmus der Stützenpaare im Hauptschiff ergibt die Möglichkeit der klaren Gliederung des Leitthemas. Das Raumerlebnis und damit die Wirkung eines Leitthemas soll buchstäblich vertieft werden, indem der Kirchenboden als schräge Ebene mit minimalem Gefälle (1,5%) oder als Stufenfläche mit Absätzen von 15 cm alle 8 m geplant ist.

Im Raum der Stille selbst ist von der Architektur her die Vertikale vorgegeben: Der 15 m hohe Raum erhält sein Licht hauptsächlich von oben über eine Lichtwolke, zusätzlich über den senkrechten, ganz durchgehenden Mauerspalt. Der Weg durch die Präsentation kann zum Ausgang über den Veranstaltungsbereich führen. Dieser Teil des Pavillons erstreckt sich über die ganze westliche Längsseite mit Wasserspiel, Caféteria, Garderobe/ WC und Mehrzweckfläche im geschlossenen und offenen Raum. Hier sind durch Faltwände große, zusammenwirkende Aktionen möglich.

over a floor area of 28 m x 48 m. The hall is completely closed on the long western side but opens to the east to the presentation yards. The rhythm of the paired supports in the central nave gives rise to the possibility of clear structuring for the main theme. The spatial experience and hence the effects of the main theme will be literally deepened by putting the floor of the church at a slant with a very slight height difference of 1.5 % or creating steps 15 cm. high every 8 metres.

In the quiet room itself, the architecture is given as a vertical theme. The room is 15 m. high and receives its light mainly from a light cloud above but in addition through a vertical slit window running continuously from top to bottom. The way through the presentation can lead to the exit via the event space. This part of the pavilion extends along the whole of the long western side with water feature, cafeteria, cloakrooms and WC and multi-purpose areas in the closed and open spaces. Folding walls make it possible to have large-scale interwoven events.

The grounds consist only of the water features and large flagged areas for outdoor presentations.

Die Außenanlagen beschränken sich auf Wasserflächen und Großpflaster für die Außenpräsentationen.

Material und Konstruktion:

- Stahl für alle konstruktiv tragenden Teile einschließlich neuester Steckverbindungen.
- Glas für den großen Teil der Außenwände im oberen Bereich.
- Holz in Brettstapelbauweise für alle Böden, Decken und Wände im EG-Bereich.

Diese Materialien sollen so naturbelassen wie möglich bleiben:

- Cortenstahl für Umfassungswände als absolut pflegearmes Element.
- Holzbretter gesägt und nicht veredelt.
- Glas und Stahl als ebenso alterungsfreundliches wie pflegearmes Material.

Nachnutzung auf der EXPO und in Volkenroda:

Die Anlage der Umfassungsmauer und des Turmes als Cortenstahl-Bauwerke würde eine Nachnutzung als Messe-Stilleraum mit ruhiger, umgrenzter Parkanlage erlauben. Ebenso möglich ist die Nachnutzung von Turm und Veranstaltungsbereich als Gemeindezentrum. Für Volkenroda sind das Langschiff und Teile der Eingangszone voll verwendbar.

Entwurfsidee

Die Entwurfsidee besteht in der Schaffung eines Pavillons als Zitat einer klassischen Klosteranlage, welche aufgrund ihrer vollkommenen

Material and construction

- Steel for all the load-bearing parts including the most modern plug-in fittings
- Glass for most of the outside walls in the upper area
- Wood piling for all floors, ceilings and walls in the ground floor are

These materials are to be left as natural as possible.

- Corten steel for curtain walls because it is requires little maintenance
- Sawn wooden planks without enhancement.
- Glass and steel because they age well and require little maintenance.

Subsequent use in Volkenroda after EXPO

The design of the surrounding wall and tower designed as corten steel structures would permit their re-use as a room for worship or quiet contemplation with a walled tranquil park. It would also be possible to use the tower and event area as a community centre. The nave and parts of the entrance area are fully suitable for use in Volkenroda.

Idea for the Design

The idea for the design is to create a pavilion reminiscent of a classic monastic complex, that will be-capable of being completely dismantled and put to use later after EXPO.

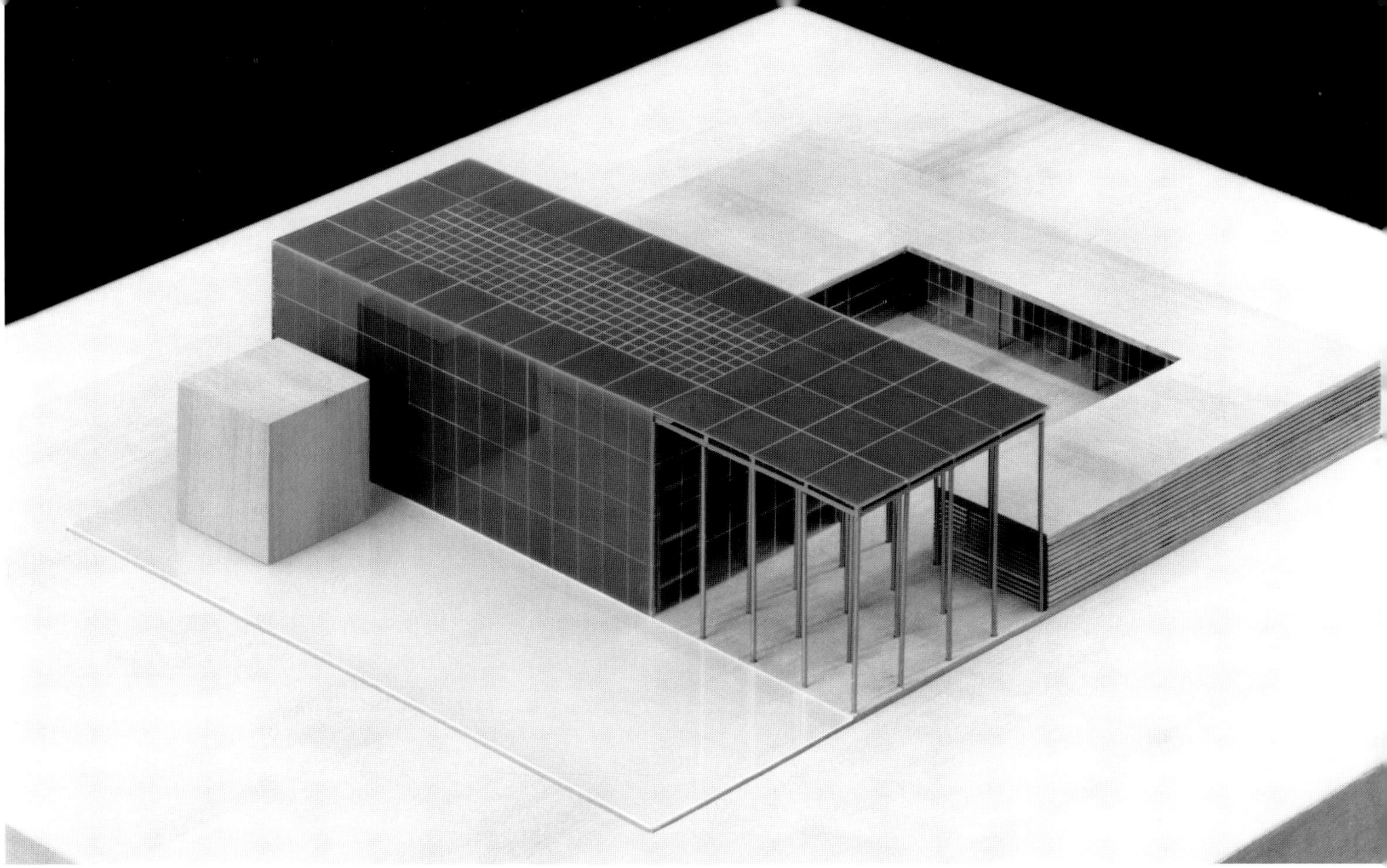

Demontierbarkeit einer späteren Nutzung nach der EXPO zugeführt werden kann.

Konstruktion

Das Gebäude ist aus Stahlträgern und Stahlstützen konzipiert. Alle Elemente sind gelenkig miteinander verbunden. Die Aussteifung des Gebäudes wird durch zwei Stahlbeton-Fertigteiltreppenhäuser an der Westseite des Gebäudes und einer Auskreuzung im Bereich der Ostfassade realisiert. Die Dachkonstruktion besteht aus einem verschraubten Gitterträger mit dem Konstruktionsraster von 4,30 x 4,30 m. Die Profilstärke beträgt 0,30 x 0,30 m. Die Decken der Galerien bestehen aus Stahlbeton-Fertigteilhohlplatten. Die horizontalen Lasten der Fassade werden auf die Stützen abgeleitet. Da alle Verbindungen geschraubt werden, können diese einfach montiert und demontiert werden.

Construction design

The building is designed to be built with steel girders and supports. All elements are connected by articulations. Rigidity is provided in the form of two pre-fabricated steel-reinforced concrete staircases on the western side of the building with an crossed supports in the eastern façade area. The roof structure consists of a bolted lattice beam with a grid of 4.3 m x 4.3 m. The section thickness is 0.3 x 0.3 m. The gallery ceilings are made of reinforced concrete pre-fabricated hollow panels. The horizontal load of the façade is transmitted to the supports. As all the connections are bolted, they are easy to dismantle and re-assemble.

Exhibition and lighting design

The central presentation hall is divided into a 12 m. high central nave and two transeptss with four gallery floors running all round each of

Ausstellungs- und Belichtungskonzeption

Der zentrale Präsentationsraum unterteilt sich in ein 12 m hohes Mittelschiff und in zwei Seitenschiffe mit jeweils vier umlaufenden Galeriegeschossen. Über dem Eingang im Mittelschiff ist eine zweigeschoßhohe Ausstellungsempore eingestellt.

Der Ausstellungsrundgang führt vom Erdgeschoß über die mit Brücke verbundenen Galerien nach oben. Im zweiten Obergeschoß ist an den Rundgang die hohe Ausstellungsempore angeschlossen. Dabei soll das eine Treppenhaus den aufwärts strebenden Besucherstrom aufnehmen, während das andere am Ende des Ausstellungsrundganges direkt nach unten führt. Bauseits sind auf der gesamten Ausstellungsfläche Ankerpunkte mit Gewindeanschlüssen in Decke und Fußboden im Raster von ca. 2 x 2 m vorgehalten. Sie dienen dem Einbau filigraner Seile oder Stützen in die Präsentationsflächen, in die Vitrinen und Ausstellungsobjekte unterschiedlicher Art, Materialität und Abmessungen eingehängt werden können. Das System ist entsprechend den jeweiligen Präsentationsanforderungen variabel.

Ein gegen das Ausstellungsraster versetztes Raster zum Anschluß für Kunstlicht ermöglicht die flexible Ausleuchtung von Exponaten auf den Galerien. Die Exponate im Mittelschiff werden über die Decke mit Tageslicht ausgeleuchtet. Kunstlicht kann jederzeit zugeschaltet werden. Um die gewünschte Atmosphäre in dem zentralen Ausstellungsraum zu erhalten, soll das Tageslicht auf den Galerien

them. Above the entrance in the central nave is a two-storey exhibition gallery.

The exhibition tour leads from the ground floor through the galleries connected to each other by bridges and upwards. The high-level exhibition gallery is linked to the tour route at the level of the second upper storey. One of the staircases is intended to take the flow of visitors in the upward direction while the other leads straight back down again at the end of the tour. Throughout the entire exhibition area, anchorage points with threaded connections are provided in the ceilings and floors in a 2 x 2 m. grid. They are there for the installation of fine hawsers or supports in the exhibition spaces into which glass cases or exhibition objects of varying materiality and sizes can be suspended. The system is variable according to the respective presentation requirements.

An alternating grid of artificial lighting connections offset against the exhibition grid enables flexible illumination of the exhibits on the galleries. The exhibits in the central nave are illuminated by daylight coming in from the roof. Artificial lighting can be switched on at any time. In order to maintain the desired atmosphere in the central exhibition space, daylight is reduced in the galleries in relation to the daylight in the central nave.

Rooms for events, offices and the café are constructed of steel supports and pre-fabricated concrete ceiling sections. The supports and ceilings

gegenüber dem Tageslicht im Mittelschiff zurückgenommen werden.

Veranstaltungsraum, Büros und Café sind aus Stahlstützen und Betonfertigteildecken geplant. Stützen und Decken sind mit schraubbaren Verbindungen zusammengefügt. Die Aussteifung der Gebäude wird über Betonfertigteilschotten, die als Raumtrennwände fungieren, realisiert. Der Veranstaltungsraum kann als stützenfreier Raum in vielfältiger Weise genutzt werden. Er ist mit dem Open-Air-Bereich durch flexible Glastrennwände verbunden, so daß man beide Räume gemeinsam nutzen kann.

Der Raum der Stille wird aus Cortenstahl konstruiert. Die Belichtung des Raumes erfolgt über kleine, punktförmige, verglaste Öffnungen im Dach. Der Raum der Stille und das ihn umgebende Wasserbecken soll auf dem EXPO-Gelände verbleiben.

I. Konzept Arche

Das Leitmotiv der Arche entwickelte sich aus dem Gedanken, eine signifikante Form zu finden, die ein eindrucksvolles Innen- und Außenraumerlebnis mit markanter Symbolkraft verbindet und den Aufbruch in das 3. Jahrtausend darstellt.

Die Schiffsform formuliert sich als Hülle, die mit einem glänzenden Metallgewebe bespannt ist und in die, als funktionale Elemente, die transformierten Bausteine der Klosternachnutzung in Volkenroda eingestellt sind.

Innere und äußere Erschließung

Aus Richtung EXPO-Plaza erschließt sich der Eingangsbereich der Arche

are joined together with bolted connectors. Rigidity is given to the building by pre-fabricated concrete sectional bulkheads that act as partition walls. The event hall can be used in many different ways as a pillar-free space. It is linked to the open air area by flexible glass partition walls so that both spaces can be used together.

The quiet room is constructed of corten steel. The room is lit through small, dot-like glazed apertures in the roof. The quiet room and the surrounding water reservoir will remain at the EXPO site.

I. Ark design

The theme of the Ark developed from the idea of finding a meaningful shape linking impressive outdoor and indoor experiences with forceful symbolism and representing the start into the third millennium.

The shape of a ship is formulated as a hull covered with a shiny woven metal fabric, and forming the functional element into which the transformed foundations for subsequent use in Vokenroda are set.

Interior and Exterior development

The approach from the EXPO Plaza direction opens up with the entrance area of the Ark via a ramp in the ship's bow. From here, the way leads upwards to the exhibition area or downwards to the event rooms and ancillary functions. A three-dimensional cone of light accompanies the visitor and culminates in a quiet

über eine Rampenanlage in den Schiffsbug. Von hieraus gelangt man nach oben in den Ausstellungsbereich oder nach unten zu den Veranstaltungsräumen und Nebenfunktionen. Ein dreidimensionaler Lichtkegel begleitet die Besucher und gipfelt in dem über allem schwebenden, himmlisch ruhigen Raum der Stille.

Die Ausstellung kann als flächige Ebene oder als freie Rampenanlage konzipiert werden. Der originale Volkenroda-Kreuzgang schiebt sich als additives Element in die westliche Außenhülle.

Nachnutzung und Finanzierung

Dem EXPO-Grundgedanken der Nachhaltigkeit wird durch die direkte Nachnutzung der verschiedenen Gebäudeteile in Volkenroda Rechnung getragen.

room of heavenly peace hovering above everything.

The exhibition can be designed as a single-plane or as a free ramp complex. The original Volkenroda cloister inserts itself as an additive element into the outside of the western shell.

Subsequent use and financing

The basic EXPO theme of sustainability is met by the direct subsequent use of the various parts of the building in Volkenroda. Approximately two-thirds of the funding is to come from the Churches, the rest is being raised from external sponsorship. The provision or rental of scaffolding for the shell construction can be taken as given. The woven

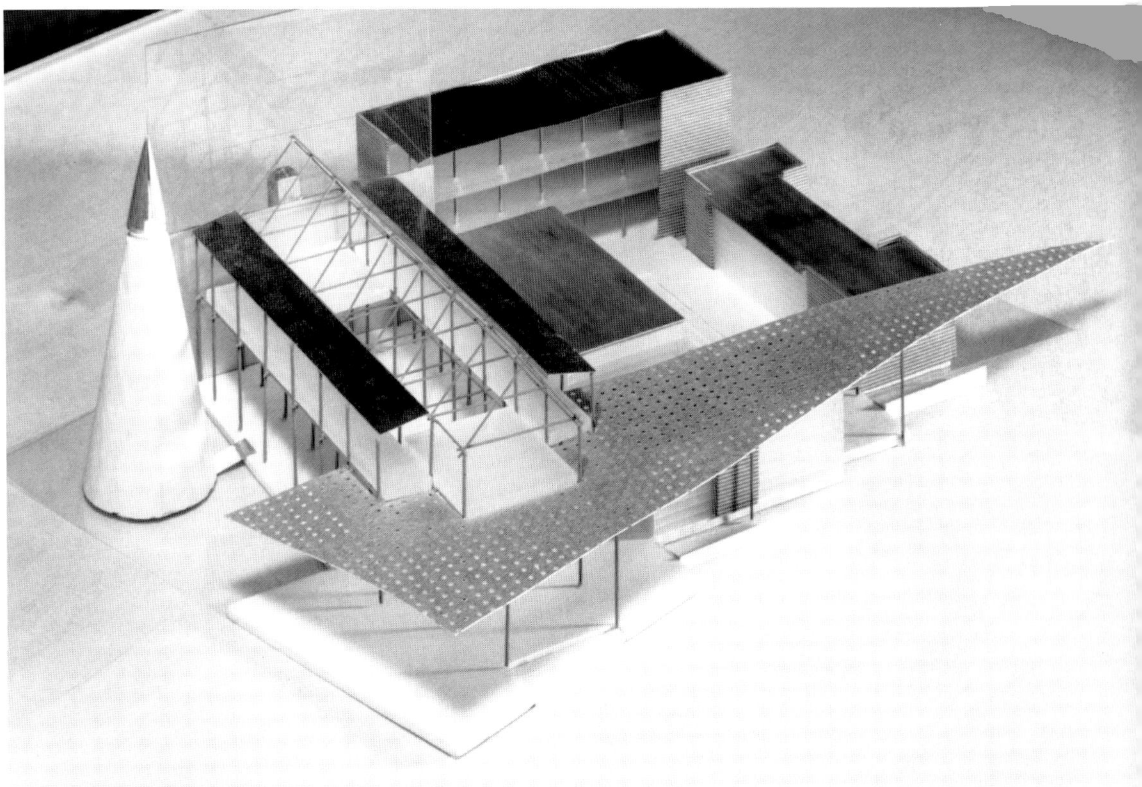

Die Finanzierung erfolgt zu ca. Zweidritteln durch die Kirchen, der Rest wird durch externes Sponsoring bereitgestellt. Es kann von einer Gerüststellung oder -mietung für die Hüllenkonstruktion ausgegangen werden. Das Metallgewebe wird für den Zeitraum der EXPO 2000 den Kirchen zur Verfügung gestellt und werbewirksam über einen piece-by-piece-Verkauf rückfinanziert.

II. Konzept Kloster

Das Themenkonzept des Klosters entwickelte sich aus der grundsätzlichen Überlegung, der direkten Nachnutzung der Klosteranlage in Volkenroda Rechnung zu tragen. Der prinzipiellen Liturgie folgend positioniert sich die Ausrichtung der Kirche in West-

metal fabric will be loaned to the Churches for the duration of EXPO 2000 and re-financed by a piece-by-piece sale which will give extra publicity.

II. Monastery design

The monastic theme of the design developed from the fundamental consideration of direct subsequent use for the monastery complex in Volkenroda. Following liturgical principle, the church is positioned in an west-easterly direction, opening logically with its envisaged entrance area to the EXPO Plaza. This confident twist to the stringent master plan concept increases optical attention and emphasises the positioning of the church.

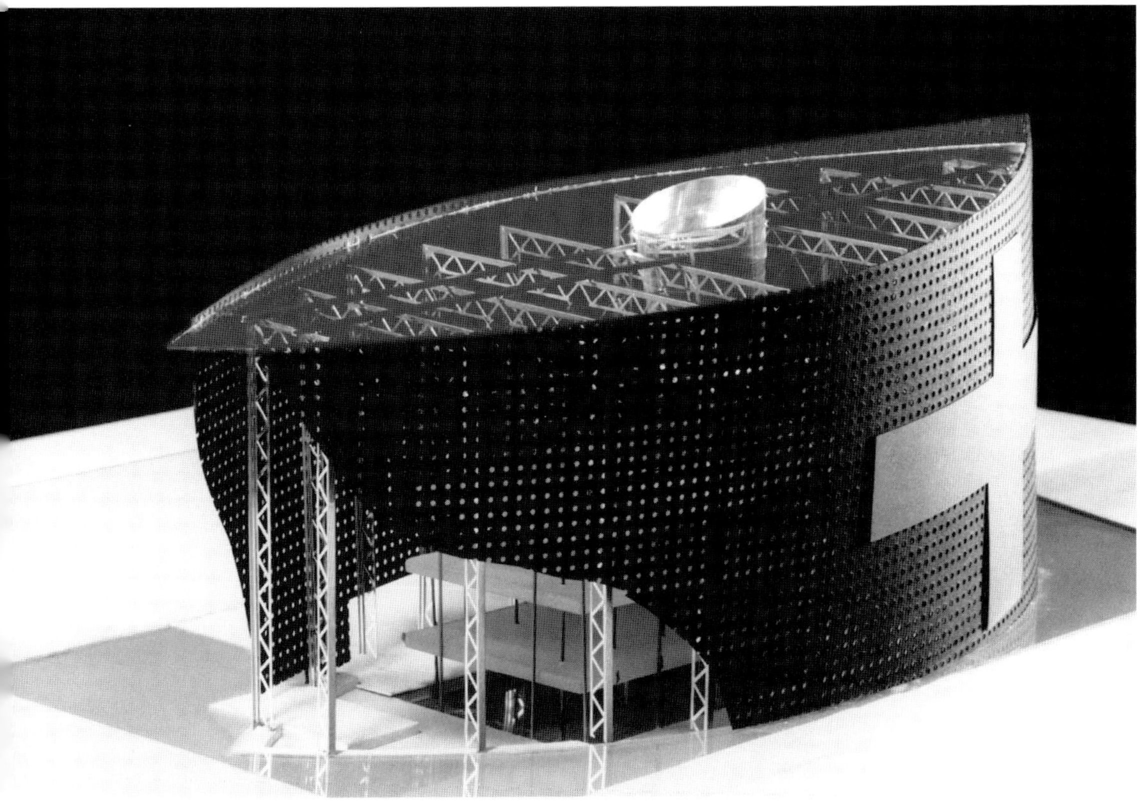

Ost-Richtung und öffnet sich folgerichtig mit dem vorgestellten Eingangsbereich zur EXPO-Plaza. Diese selbstbewußte Verdrehung zum stringenten Masterplan-Konzept erhöht die optische Aufmerksamkeit und betont die Positionierung der Kirchen.

Die in Volkenroda noch erhaltenen mittelalterlichen Bestandteile Apsis und Vierung werden in bildlicher Darstellung als weithin sichtbares christliches Zeichen auf eine überdimensionale Scheibe projiziert.

Innere und äußere Erschließung

Aus Richtung der EXPO-Plaza erschließt sich das Ensemble durch den vorgelagerten, verdrehten Eingangsbereich. Von hier aus gelangt man entweder direkt in den zweigeschossigen Ausstellungsbereich des späteren Kirchenschiffes von Volkenroda oder in den originalen Kreuz-

The preserved medieval parts of the apse and crossing are portrayed visibly as a prominent Christian sign on a larger than life disc.

The nave is inundated with light and functions as the exhibition hall, revealing itself as a glass church. The surrounding lightweight steel and glass construction opens the inside to the outside. To the south of the cloister are the café and the area for ancillary functions.

The quiet room is confidently positioned to the north of the nave in the surrounding water feature as a re-interpretation of the bell tower. The sign of the Cross is incorporated inside this cone and can be seen from afar.

gang. Veranstaltungs- und Open-Air-Funktionen sind gegenseitig nutzbar eingestellt.

Das Langschiff als eine lichtdurchflutete Ausstellungshalle zeigt sich als gläserne Kirche. Die umgebende leichte Stahl-Glas-Konstruktion öffnet das Innere zum Äußeren. Südlich des Kreuzganges befinden sich das Café und der Bereich für die Nebenfunktionen.

Der Raum der Stille positioniert sich selbstbewußt nördlich des Kirchenschiffs in der umgebenden Wasserfläche als neu interpretierter Campanile. In diesen Kegel ist das weithin sichtbare Zeichen des Kreuzes eingeschrieben.

Schöpferische Architektur aus innovativen Stahlbautechniken und modernen Stahlwerkstoffen

Creative Architecture with Innovative Structural Steel Techniques and Modern Steel Materials

Richard A. Weber

Das kulturelle Niveau der Menschheit wird gemessen an den architektonischen Spitzenleistungen der jeweiligen Epoche. Architekten und Baumeister üben mit ihrer Arbeit maßgeblichen Einfluss auf den Fortschritt aus. Weltweit haben Hochkulturen immer dann ihre größte Blüte entfaltet, wenn es gelang, verfügbare Baumaterialien, Bautechnologie und dazu gehörende Transportmöglichkeiten sowie statische Berechnungsmethoden in einem Dreiklang zu architektonischer Spitzenleistung zu vereinigen.

Jahrtausende lang verfügten die Menschen lediglich über die natürlichen Bau-Materialien Holz, Fels – gebrochenen und behauenen – sowie Lehm und Tierhäute. Bemerkenswertes und Langlebiges ist jedoch dabei geschaffen worden.

Erst als die Menschheit lernte, den Metallreichtum natürlicher Lagerstätten zu heben, übernahmen die aus Metallerzen gewonnenen Metalle als

The cultural sophistication of the human race is measured by its greatest architectural achievements in each respective age. The work of architects and master builders exerts a crucial influence on progress. The greatest flowering of highly-developed cultures throughout the world has always reached its climax when they succeeded in harmonising the available building materials, construction technology, the means of transport associated with them and the mathematics of engineering statics, bringing them together in supreme architectural achievements.

For thousands of years, human beings had nothing but natural building materials such as wood, broken and hewn rock, clay and animal skins. Nevertheless, they still managed to create some notable and long-lasting structures.

Not until humankind learned to extract the treasure out of natural de-

Baumaterial eine dominierende Rolle. Geniale Ideen, große Handwerkskunst und mutige Ingenieure waren gefragt, um den natürlichen Metallreichtum nutzbar zu machen. Ganze Epochen wurde nach dem sie prägenden Metall benannt, so die Bronzezeit oder die Eisenzeit. Wir leben im Stahlzeitalter. Der Eiffelturm hat die Architekten und Baumeister der Neuzeit davon überzeugt, dass ein Werkstoff moderner Art schlanke Tragwerke und lichte Spannweiten ermöglicht.

Reichtum, Lebensstandard und intellektuelle Leistung der führenden Industrienationen gründen sich auf den Werkstoff Stahl. Die Nutzung reichlich vorhandener und hochwertiger Eisenerzlagerstätten, die Entwicklung schmelzmetallurgischer und verformungstechnischer Erzeugungsverfahren höchsten technologischen Niveaus haben die Stahlwerkstoffe zum Baumaterial der Neuzeit gemacht.

Das Element Eisen zeigt das für ein Metall beinahe einmalige Phänomen, sich mit einer überwältigend großen Zahl von anderen Legierungselementen zu immer neuen Stahlwerkstoffen

posits did metals derived from rich ores take over a dominant role as a building material. Brilliant ideas, fine craftsmanship and bold engineering were called for to put this wealth of metals to use. Whole epochs of human development were named after the major metal associated with them, like the Bronze Age or the Iron Age. We are living in the Steel Age. The Eiffel Tower convinced architects and master builders of the modern era that slender load-bearing structures and wide spans are a real possibility with a modern material.

The wealth, standards of living and intellectual performance of all the leading industrialised nations are based on steel. The exploitation of abundant and high-quality iron ore deposits, the development of metallurgical and shaping techniques of the highest technological sophistication have made steel into the building material of the modern age.

Iron as an element is virtually unique among metals in being able to form alloys with an overwhelming

zu verbinden. Diese zunächst intuitiv entdeckte Grundlage, die dann empirisch in der Stahlindustrie des 19. und 20. Jahrhunderts weiter entwickelt worden ist, wird heute im Zeitalter der Simulationsverfahren und der Erforschung von Abhängigkeiten im vieldimensionalen Raum wissenschaftlich ausgebaut. Gezielt den Zusammenhang von Stahlzusammensetzung und mechanisch-technologischen Eigenschaften neuer Stahlsorten auszuloten, ist das moderne Forschungsfeld der Stahlmetallurgen. Eine unermessliche Zahl von Stahlsorten wird heute durch unterschiedlichste Legierungszugaben möglich. Fast täglich schaffen die metallurgischen Forscher neue Stahlfamilien, um damit Werkstoffeigenschaften anwendungsorientiert zu entwickeln.

number of other elements to create ever-novel steel materials. This principle, discovered initially by intuition, then further developed empirically in the steel industry during the nineteenth and twentieth centuries, is now being scientifically consolidated and expanded to utilise multidimensional interdependencies in this age of simulation methods and calculations. Specific research into the interrelations between the composition of steel and its mechanical and technological properties is now the working field for steel metallurgists. Innumerable steel grades are now achievable simply by adding different alloy metals. Metallurgical researchers create new families of steel grades almost on a daily basis as they strive to develop material pro-

Im Vorfeld der ersten Weltausstellung in Deutschland, der EXPO 2000 in Hannover, gab es den Plan, einen Pavillon der christlichen Kirchen in Stahl und Glas zu errichten. Dieser sollte einer sinnvollen Nachnutzung zur Vervollständigung der Klosteranlage Volkenroda in Thüringen und in Teilen einer anderen Nutzung zugeführt werden. Der Ruf kam von den christlichen Kirchen Deutschlands, die eine aktive, unübersehbare Präsenz auf der EXPO 2000 anstrebten, und der Jesus-Bruderschaft, die für die Wiederherstellung der Klosteranlage Volkenroda den Christus-Pavillon vorgeschlagen hatte. Dieser Ruf traf die deutsche Stahlindustrie in einem Augenblick, in dem mannigfaltige Innovationen in Stahl zur Anwendung gelangten. Der Berichterstatter, verantwortlich für die Stahlanwendungsforschung, erinnert sich an die grundlegende Konferenz im Hause der Wirtschaftsvereinigung Stahl in Düsseldorf. Hier wurden die – zunächst scheinbar wiederstrebenden – Interessen der christlichen Kirchen als Bauherren, der Jesus-Bruderschaft als der später Begünstigten und der Stahlindustrie als Werkstoffinnovationsträger gegeneinander abgewogen.

perties tailored to fit any specific application.

In the run-up to Germany's first World Exhibition EXPO 2000 in Hanover, a plan arose to build a steel and glass pavilion for the Christian Churches. The pavilion itself was subsequently to be put to permanent use after the exhibition by filling in the gap at Volkenroda abbey, and parts of it were to be used for other purposes. The call came from the Christian Churches of Germany, who wanted an active presence at EXPO that could not be overlooked, and the Brotherhood of Jesus, who had suggested the use of Christ Pavilion as part of the restoration of Volkenroda's old abbey. The call reached the German steel industry just at a time when many different innovations in steel were being put into use. The author, responsible for steel applications research, recalls a seminal conference at the offices of the German Steel Federation in Düsseldorf, at which the interests of the Christian Churches, who seemed initially to be rather reluctant building clients, the Brotherhood of Jesus, which came in somewhat later as the subsequent beneficiary, and the steel

folgt, Teile des EXPO-Pavillons zur Nachnutzung in den Neubau des Zentrums Metallische Bauweisen an die RWTH Aachen zu transponieren. So reizvoll diese Lösung architektonisch und technologisch gewesen wäre, so schwierig erwies sich deren Umsetzung. Letztlich dominierten in der äußerst kontrovers geführten Debatte die stärkeren Argumente des Architekten und auch der Wunsch des Begünstigten, den gesamten Christus-Pavillon nach Volkenroda umzusetzen.

fälische Technische Hochschule (college of advanced engineering) in Aachen. Exciting though this idea was to the engineers and architects, its implementation turned out to be fraught with difficulties. In the end, the wishes of the architects and also the beneficiaries to move the entire pavilion to Volkenroda won the day.

The actual harmonisation of the elements of architecture, building craftsmanship and competency in materials was accomplished constructively, fast and cordially and was ultimately presented to the international public with enormous success.

Behind the structure, which was designed to give an unspectacular first impression from the outside, lies many a technological innovation. The Christ Pavilion embodies an ambitious building design concept in very close co-operation between experts in steel materials technology and steel construction engineers. The concept embraces everything from the steel frame to the surface coating and fulfils the planning specifications at a very high architectural standard. The architects' exacting and constant demands for careful workmanship in every detail underpin the strong overall impression.

Bearing in mind the subsequent use of the pavilion at a different location, necessitating the dismantling and re-erection of the building, the significance of a simple technique of connections for the steel structure was enormous. The conventional way of joining steel structural elements on-site with sufficient

Die tatsächliche Abstimmung des Dreiklangs Architektur – Baukunst – Materialkompetenz vollzog sich konstruktiv, schnell, kollegial, und wurde letztendlich höchst erfolgreich der Weltöffentlichkeit vorgeführt.

Hinter der von außen zunächst bewusst unspektakulär anmutenden Struktur der Anlage verbirgt sich manch technologische Innovation. In der engen Zusammenarbeit von Stahlwerkstoff-Fachleuten und Stahlbau-Technikern wurde beim Christus-Pavillon ein ambitioniertes baukonstruktives Konzept verwirklicht. Dieses Konzept reicht vom Stahltragwerk bis zur Oberflächenbeschichtung und setzt die Planungsvorgaben auf hohem architektonischen Niveau um. Die besonders vom Architekten immer wieder eingeforderte sorgfältige Detailarbeit unterstreicht den starken Gesamteindruck.

Vor dem Hintergrund der späteren Nutzung des Pavillons an anderer Stelle und der damit verbundenen Demontage und Wiedererrichtung der Konstruktion kommt einer einfachen Verbindungstechnik der Stahlbaustruktur große Bedeutung zu. Konventionell werden für den biegesteifen Zusammenbau von Elementen auf der Baustelle entweder geschraubte Kopfplattenstöße oder Schweißverbindungen angewandt. Die Nachteile dieser Lösungen liegen – auch für den Laien – auf der Hand: Anschlüsse an schlecht zugänglichen Stellen mit Schrauben und dann noch in großer Höhe herzustellen oder aber das Schweißen in „Zwangslagen" mit langen Hängezeiten der Bauteile im Kran erhöhen nicht nur den Montage-

strength to resist bending is either to use splices made of welded endplates or welded joints. The drawbacks are obvious, even to a layman: making bolted connections in inaccessible places, often at a great height, or welding in confined spaces with parts left for long periods suspended from a crane not only make assembly very difficult but also compel the builder to compromise on dimensional accuracy, precision and assembly time.

aufwand, sondern erzwingen auch Kompromisse in Maßhaltigkeit, Genauigkeit und erst recht Schnelligkeit der Montage.

Der SIGMA-Knoten der Dortmunder Stahlbaufirma Ewald Rüter GmbH ist eine innovative, biegesteife Steckverbindung zur einfachen Montage vorgefertigter Elemente auf der Baustelle. Auf diese Steckverbindungen ist Ewald Rüter persönlich das Patent erteilt worden. Anlässlich einer Demonstration für die Presse auf dem Dortmunder Firmengelände im Januar 1999 wurde die Lösung eines bislang bei den Stahlbauern ungelösten technischen Problems vorgeführt. Die beteiligten Fachleute und die Medien konnten sich von der verblüffend einfachen biegesteifen Steckverbindung, kurz: vom Rüter-SIGMA-Knoten überzeugen lassen. Der patentierte Anschluss besteht aus dem standardisierten Füllteil an der Stütze und dem Aufsteckteil am Dachriegel. Er ist als mechanisch bearbeitetes Element präzise herstellbar. Der Knoten überträgt ein- und zweiachsige Biegung mit und ohne Normalkräfte sowie Querkräfte über Kontakt. Der notwendige Formschluss, der den Lastabtrag sicher stellt, wird durch geneigte Flächen im Inneren des Knotens erreicht.

Damit ließen sich die großformatigen Fassadenelemente mit den Dachelementen des Kreuzgangs ohne Einschränkung der Tragfähigkeit biegesteif fügen. Zuerst wurden die vorgefertigten Fassadenelemente des Kreuzgangs montiert und präzise ausgerichtet. Danach erfolgte das Einschwenken des Dachelements und das Zusammenstecken mit den Fassa-

The SIGMA node, developed by the Ewald Rüter steel construction company from Dortmund, is an innovative, rigid plug-in system that makes the on-site assembly of prefabricated sections easy. During a demonstration for the press at the company's premises in Dortmund in January 1999, the solution to a hitherto unsolved problem for steel construction engineers was presented to the public. The specialists and media were fascinated by the astounding simplicity of the rigid plug-in connection called Rüter's SIGMA node. This plug-in connection, for which Ewald Rüter was granted a personal patent, consists of a standardised socket in the support, the plug part being arranged in the roof beam. It is a milled part that can be manufactured with high precision. Slanted surfaces inside the node ensure the tight fit necessary to assure the safe transmission of forces.

With this system, façade sections with a large area could be rigidly joined to the roof sections of the cloister without diminishing loadbearing capacity. First, the prefabricated cloister façade elements were assembled and aligned with minute precision, followed by the roof element, which was swung into place and plugged together with the façade elements from the crane. High precision in both the joining technology and the prefabrication of the building sections ensured trouble-free assembly without any special tools. The SIGMA node disappears in the design of the box-shaped beams in the roof and forms an invisible joint.

denelementen vom Kran aus. Die hohe Präzision sowohl der Fügetechnik als auch der vorgefertigten Bauelemente ermöglichen eine problemlose Montage ohne besonderen Werkzeugeinsatz. Der SIGMA-Knoten verschwindet in der Konstruktion der kastenförmig ausgebildeten Riegel im Dach und bildet ein gleichsam unsichtbares Verbindungselement.

Finanziell unterstützt wurden die hierfür notwendigen und von der Studiengesellschaft Stahlanwendung e.V., Düsseldorf, koordinierten Forschungsarbeiten vom Ministerium für Wirtschaft und Technologie, Mittelstand und Verkehr des Landes Nordrhein-Westfalen sowie von der Stiftung Stahlanwendungsforschung, Essen.

Financial support for the necessary research work, which was coordinated by the Studiengesellschaft Stahlanwendung e.V. (Research Association for Steel Application), came from the Ministry of Business and Technology, Medium-sized Industry and Transport for North Rhine-Westphalia and the Steel Applications Foundation in Essen.

The novel steel construction designs led to substantial simplification of on-site assembly and significantly reduced building time. Indeed, this technique was the only way in which the very tight deadlines could be met. A mere nine months elapsed between the start of technical work and completion in Hanover, including three months of

Die neuartigen Stahlbaukonstruktionen führten zu erheblichen Vereinfachungen der Montage auf der Baustelle und verkürzten die Bauzeit deutlich: Tatsächlich waren die außerordentlich engen Termine nur mit dieser Technik einzuhalten. Von Beginn der technischen Bearbeitung bis zur Fertigstellung in Hannover vergingen neun Monate, darin enthalten sind drei Monate Werkstattfertigung und lediglich sechs Wochen Montage auf der EXPO selbst. Ähnlich schnell gingen Abbau in Hannover und Wiederaufbau in Volkenroda von statten: Diese Arbeiten nahmen nur zehn Wochen in Anspruch.

Erstmals sind bei dem Christus Pavillon auch Stützen aus scharfkantigen Blechen laserstrahlgeschweißt hergestellt worden – eine Technologie mit großer Zukunft, die individuelle, maßgeschneiderte Querschnitte ermöglicht und neue, gestalterische Akzente setzen wird. Lasergeschnittene 10 mm-Bleche aus thermomechanisch gewalztem Stahl und oxidfreier Bearbeitung der Schnittflächen wurden ohne weitere Schweißnahtvorbereitung stumpf aufeinander gesetzt und beidseitig zu einem scharfkantigen Winkelprofil laserstrahlgeschweißt. Durch das Schweißen mit dem CO_2-Laser lassen sich glatte Schweißnähte erreichen, die nicht nachgearbeitet werden müssen und die Bleche in der gesamten Dicke verbinden. Die maßgeschneiderten Stützen erhielten nach dem Entfetten, einer leichten Eisenphosphatierung und dem Trocknen eine hochwertige Pulverbeschichtung, wie man sie bislang von der Einbrennlackierung in der Automobilindustrie kennt.

factory fabrication and only six weeks of assembly time at the EXPO site itself. Dismantling the building and re-erecting it in Volkenroda was just as fast, taking only ten weeks.

The use of the laser welding technique on sharp-edged plate for the posts in the Christ Pavilion was a first. This is a technology with a bright future, because it can be used to fabricate individually tailored sections and will give designers the freedom to set new accents. Laser-cut 10 mm. plates of thermo-mechanically rolled steel with oxide-free milled cut surfaces were placed in blunt abutment. No further preparation was needed before welding from both sides with a laser beam to form a sharp-edged angled section. Welding with a CO_2 laser gives a smooth weld that needs no finishing, and joins the plates through their entire thickness. The tailor-made supports were de-greased, treated lightly with iron phosphate and dried before applying a sophisticated powder coating of the kind known previously only from stove enamelling in the automobile industry.

Novel materials and improved manufacturing methods were also used for the metal roofs. Strips of corrosion-free stainless steel were welded together with a rolling electrode welding machine to make them watertight. This special folded sheet technique makes the stainless steel roofing system usable for flat roofs as well. It is anchored with special fasteners that have a tongue on the leading edge of the puddle.

Bei den Metalldächern wurden ebenfalls neuartige Materialien und verbesserte Herstellungsmethoden eingesetzt: Bänder aus nichtrostendem Edelstahl sind unter Verwendung einer Rollschweißnahtmaschine wasserdicht miteinander verschweißt worden. Durch diese spezielle Verbindungstechnik der Stehfalze ist das Edelstahldachsystem auch bei Flachdächern einsetzbar. Die Befestigung erfolgt mit Spezialhaften, die eine Einschweißzunge aufweisen.

Die Dachkonstruktion des Kreuzganges wurde in Elementbauweise hergestellt und im Ausbauraster in 2- und 3-Feld Einzelflächen aufgeteilt. Die Arbeiten sind von der Firma Kentzler, Dortmund, ausgeführt worden, nachdem die Edelstahl-Folien ihre praktische Bewährung gerade bei Flachdächern zahlreicher öffentlicher und privater Bauten erbracht hatten. Die einzelnen Elemente sind untereinander mit abnehmbaren Abdeckkappen regendicht verbunden. Die Entwässerung ist durch eine Los-Fest-Flansch-Verbindung sichergestellt.

The roof construction for the cloister was made in fabricated sections and the grid divided into areas of two and three fields. The work was carried out by Kenztler of Dortmund after the stainless steel foil had proved its worth, especially on flat roofs, in a number of public and private buildings. The individual elements are joined to one another with rainproof covers. Drainage is guaranteed by slotted holes. Lugs for anchoring safety ropes in the connecting web ensure safe access for work or inspection.

The roofs themselves, matt grey in appearance, had a special surface treatment called "Shark Skin". This novel stainless steel surface is the result of surface treatment i.e. it is not a coating but solid stainless steel with its own inherent corrosion resistance. This makes stainless steel a particularly attractive proposition, not only for pitched roofs but also for wall cladding.

The work is done. Aspirations to harmonise the three aspects, invol-

Anseilösen in den Verbindungsstegen gewährleisten eine sichere Begehbarkeit.

Auch die Dachflächen erhielten eine speziell behandelte Oberfläche mit einem graumatten Erscheinungsbild. „Shark-Skin", die neue Edelstahloberfläche, ist das Ergebnis einer Oberflächenbehandlung und somit keine Beschichtung, sondern durch und durch nichtrostender Stahl mit der ihm eigenen Korrosionsbeständigkeit. Das macht den Edelstahl neben dem Bereich der Steildächer auch für Wandbekleidungen besonders attraktiv.

Es ist gelungen: Der angestrebte Dreiklang, zu dem Fantasie und künstlerischer Elan der Architekten beitrug, in den der verantwortliche Stahlbauer erstklassige Ingenieursleistungen einbrachte und zu dem die Werkstoff-Fachleute der Stahlindustrie zahlreiche Innovationen beitrugen, hat Bauherren, Besucher und Fachkritiker begeistert. Das technologische Ziel, eine endgültige hochrangige Nutzung des Chistus-Pavillons zu demonstrieren, ist erreicht. Stahl in seiner Vielfalt als moderner Werkstoff hat bewiesen, dass er in der Nachfolge Jahrhunderte alter Baustoffe Architekten und Baumeistern große Möglichkeiten eröffnet.

ving a generous infusion of imagination and artistic inspiration by the architects, first-class engineering by the leading steel structural experts, and numerous innovations by the steel industry's materials scientists, were met with resounding success. Clients, visitors and expert critics were equally enthusiastic. The technological objective of demonstrating that the Christ Pavilion could be put to use for a definitive, high-value purpose has been achieved. Steel has proved that its versatility as a modern material can open the door to great opportunities for architects and master builders in the succession of materials they have used over the centuries.

Kontemplatives Gegenstück zum Jahrmarkt der Eitelkeiten

Contemplative counterbalance to Vanity Fair

Meinhard von Gerkan

Architektur und Design der Expo-Kirche

Als die Kirchen fünf Architekten Ende 1997 zu einem Wettbewerb einluden, war vieles evident, nur nicht, welche gestalterische Manifestation dieser bauliche Beitrag haben sollte. Klar war, dass das Geld, das den Kirchen für die Realisierung zur Verfügung stand, nicht annähernd ausreichte, weswegen man auf das Sponsoring vornehmlich der Stahl- und Glasindustrie rechnete. Damit wurde es fast automatisch zur Pflicht für uns, vorwiegend diese Baustoffe, Stahl und Glas, einzusetzen. Klar war auch, dass der Bau keine Wegwerfarchitektur sein durfte, die man nach der Weltausstellung zur Müllhalde fährt. Vielmehr sollte die Konzeption so beschaffen sein, dass sie demontiert, an einen anderen Ort – Volkenroda in Thüringen – transportiert und dort in modifizierter Form wieder errichtet werden konnte. Daraus leitete sich die nahe liegende Konsequenz ab, ein modular gefügtes System zu entwickeln, das – einem Stabilbaukasten

Architecture and Design at the Expo Church

When the Churches invited five architects to take part in a competition in late 1997, many things seemed evident, but they did not include what kind of architectural manifestation this built contribution should be. It was clear that the money available from the Churches themselves would not be nearly sufficient to complete the project, which was why they were counting on sponsorship, above all from the glass and steel industries, so that it almost automatically became our duty to use predominantly these building materials, steel and glass. It was also clear that the building could not be the sort of disposable architecture that is simply taken off to the dump after the World Exhibition. Instead, the design concept was to be such that the structure could be dismantled, transported to another place, (Volkenroda in Thuringia), and rebuilt there in modified form. The obvious consequence derived from

ähnlich – zerlegt und in veränderter Form wieder zusammengebaut werden kann.

Uns interessierte es sehr, eine Kirche zu entwerfen Für uns fast unabdingbar war, dass wir unbedingt eine Kirche entwerfen wollten, und zwar aus zwei Gründen: Zum ersten waren wir der Auffassung, dass sich die christliche Religion und ihre beiden Kirchen nur durch diejenige bauliche Semantik auf einer Weltausstellung präsentieren durften, die über Jahrhunderte symbolische Zeichenfunktion wahrgenommen hatte. Allein die Tatsache, dass der Begriff „Kirche" gleichermaßen für Bauten wie für die religiöse Institution selbst verwandt wird, belegt die zwingende Verpflichtung, dies im Fokus der baulichen Gestaltungsabsicht zu sehendies. Nur die Eigenschaften eines Kirchenbaus vermochten der Absicht zu dienen, einen Ort der Besinnung und damit ein kontemplatives Gegenstück zum Jahrmarkt der Eitelkeiten zu realisieren. Wir waren zusammen mit den Auftraggebern der festen Überzeugung, dass es der einzig richtige Weg wäre, wenn sich die Kirchen nicht der gleichen Mittel von Unterhaltung, Sinnestäuschung, Reizüberflutung und technizistischer Betäubung bedienten, wie nahezu alle anderen Veranstalter auf der Weltausstellung. Das in fast jeder Hinsicht genaue Gegenteil schien uns angemessen und richtig Was nicht hieß, dass sich der Bau in der Konkurrenzsituation einer Weltausstellung nicht behaupten, mit ihr adäquat kommunizieren und von markanten Zeichen geprägt sein sollte.

this was to develop a modular system like a stable building kit that could be taken apart and put together again in a different form.

There were two reasons why we were very keen to design a church. The first was our view that the Christian religion and its two Churches could present only the sort of architectural semantics at a World Fair that had fulfilled a symbolic function as a sign over the centuries. The very fact that the notion of "Church" applies equally to buildings and to the institution itself is evidence for this. Nothing other than the characteristics of a church building could serve the intent to create a place of contemplation as a counterweight to Vanity Fair. Together with the clients, we were firmly convinced that this was the only right way if the Churches were not to resort to the same means of entertainment, sensory illusion, overstimulation and technological numbing as virtually all the other exhibitors at the World Fair. However, the building would still have to compete in the environment of the World Fair, and it would have to be able to communicate adequately in that situation and be characterised by prominent signs.

The second reason, however, was that I had always wanted to be allowed to build a church, precisely because this building assignment seems to be so out of time, because the task needs to re-define itself and is subject to fundamentally different building principles. Here, the main issue is not to draw an economic

Der zweite Grund war jedoch, dass ich mir schon immer gewünscht hatte, eine Kirche bauen zu dürfen, gerade deswegen, weil diese Bau aufgabe so unzeitgemäß erscheint, sich selbst neu definieren muss und grundsätzlich anderen Bedingungen des Bauens unterworfen ist. Hier geht es nicht darum, aus kostenträchtiger baulicher Investition ökonomischen Nutzen zu erzielen im Sinne

benefit in terms of profitability or speculative gains from costly capital investment in a building, but to generate a spiritual benefit from the architectural input and manifest built meaning to redress the balance of our society's almost entirely market-led formula that everything must "pay".

Thus, it was clear to us that we could not design a church in the tra-

von Rendite oder Spekulationsgewinn.

Hier geht es darum, aus dem baulichen Aufwand seelischen Gewinn zu erzeugen und gebaute Sinnhaftigkeit zu manifestieren als Gegenposition zu der fast restlos am Markt orientierten Formel unserer Gesellschaft, dass alles „sich rechnen" muss.

Uns war also klar, dass wir keine Kirche im traditionellen Sinne entwerfen konnten, und hierin lag die besondere Herausforderung: Seinen Sakralcharakter sollte der Bau nicht leugnen, diesen aber statt durch mystische Düsternis oder steinerne Wuchtigkeit

ditional way, and therein lay the particular challenge. The building was not to deny its sacred character, but rather than revealing it in mystical dimness and massive stone, it was to do so in the brightness of light and a filigree structure. In sacred buildings, the architectural concept centres upon the semantic dimension. Whatever functions a sacred building may have, its inherent primary mission is to be a built sign of the message it embodies.

The architecture that arose out of these conditions was initially limited to demonstrating in precise detail

durch lichte Helligkeit sowie strukturelle Filigranität offenbaren. Bei Sakralbauten steht die semantische Dimension im Mittelpunkt der architektonischen Konzeption. Auch wenn ein Sakralbau Funktionen zu erfüllen hat, muss er vor allem selbst eine Mission leisten, gebautes Zeichen für das inhaltliche Anliegen sein.

Aus den Bedingungen entstand eine Architektur, die sich zunächst darauf beschränkt, das konstruktive Gefüge eines modularen, demontier- und wieder zusammensetzbaren Systems mit seinen präzisen Details zu

the design structure of a modular system capable of being dismantled and re-assembled. It was to be structurally simple and straightforward, reduced to a small number of materials, and unmistakable in appearance and the feeling of its inner space. The simple

zeigen. Strukturell einfach und sinnfällig, reduziert auf wenige Materialien, unverwechselbar in der Anmutung und Raumstimmung. Die Materialien – sehr zurückhaltend und einfach – sind Stahl, Sichtbeton, Glas und Marmor.

Der Kirchenraum ist mit Licht inszeniert; in der Mitte fällt an den Säulenköpfen Oberlicht ein, das als Streiflicht die schlanken Säulen vertikal betont. Die umhüllende Fläche ist einschalig ausgebildet – Glastafeln im Verbund mit dünn geschnittenem, kristallinem Marmor von der griechischen Insel Naxos – deren lebendige Transluzenz die Raumstimmung beeinflusst. Auf diese Weise ist der Raum trotz intensiver Lichtstimmung kontemplativ introvertiert.

Die Idee, einen Kreuzgang als umfassende Raumhülle zu schaffen, erwuchs aus dem Plan der späteren Umsetzung zur Klosteranlage von Volkenroda. Dieser umlaufende Kreuzgang hat eine geschlossene Decke und ist nach außen ebenfalls mit einer zweischaligen Glasfassade versehen, die als Zwischenräume großformatige Glasvitrinen bildet. Diese sind mit Materialien verschiedenster Herkunft gefüllt: mit Kohle, Binsen, Bambus, Holzscheiben, Mohnkapseln, Federn (Natur);

and unobtrusive materials are steel, concrete, glass and marble.

The stage effects in the church are done with light. Light entering from above falls on the heads of the pillars in the centre, the highlights emphasising their vertical slenderness. The surrounding surface is formed as a single shell. of composite glass panels covered with thinly sliced crystalline marble from the Greek island of Naxos. Its lively translucence influences the atmosphere of the enclosed space, making it contemplatively introverted, despite the intensity of the moods created by light.

The idea of surrounding the building with a sheath of space in the form of the cloister grew from the plan to move the church subsequently to the monastery grounds in Volkenroda. Running all around the church, the cloister is covered by a closed roof and has a double glazed

mit Zahnrädern, Teesieben, Schläuchen, Feuerzeugen, Einwegspritzen, Fieberthermometern und Zahnbürsten (Technik). Durch die jeweilige Füllung werden die Wände mehr oder weniger transluzent, partiell auch transparent, und dadurch ist die Lichtstimmung entlang des Kreuzganges stets modifiziert und unterschiedlich dramatisiert.

façade on the outer side, which forms large glass cases in the interstices. These are filled with materials of the most widely varied origins; coal, basket cane, bamboo, slivers of wood, poppy seed capsules, feathers (representing nature); cog wheels, tea strainers, hose pipes, cigarette lighters, disposable syringes, thermometers and toothbrushes (technology). Depending on the particular fillers, the walls are thus more or less translucent, transparent in places, changing the mood as one progresses along the cloister and dramatising it in different ways.

The planning specifications for the architectural features surrounding the Expo Plaza provided for a kind of spatial closure of the Plaza walls that would guarantee a transition from open to covered space. The original site on the eastern side of the Plaza for which the architectural competition was conceived had to be given up to investors with more financial muscle. Nevertheless, Bishop Hirschler fought tirelessly to have

Die städtebaulichen Vorgaben zur Gestaltung der Bebauung an der Expo-Plaza sahen eine räumliche Schließung der Platzwände vor, die einen Übergang von Freiraum zur Baufläche gewährleisten sollte. Der ursprüngliche, auf der Ostseite der Plaza gelegene Bauplatz, für den der Wettbewerbsentwurf konzipiert war, musste zugunsten finanzkräftiger Investoren aufgegeben werden. Gleichwohl stritt Landesbischof Hirschler unermüdlich dafür, dass die Kirche am „Dorfplatz" situiert sein sollte. Der Bauplatz fand schließlich auf der Westseite der Expo-Plaza seinen Standort, war aber sehr viel kleiner als der erste und durch Nachbarbauten bedrängt, die die Gestaltungsvorschriften der Plaza-Bebauung schlichtweg missachteten. Eine dem entsprechende Verkleinerung der Baumaßnahme verschaffte gleichzeitig dem knappen Budget Luft.

the church situated in the "village square", and the decision finally fell in favour of the present site on the Plaza's western side. This site is much smaller than the original one and jostled by adjacent structures that simply flouted the planning regulations for Plaza buildings. Having to scale down the building plans to the smaller site helped to ease the tight budget at the same time.

Die dem Pavillon vorgelagerte 58 m lange, 14 m hohe und 3,40 m tiefe Kolonnadenwand als Eingangs- und Übergangszone folgt ebenfalls diesem übergreifenden Repertoire. Nach Durchschreiten der Kolonnade überbrückt der Besucher eine Wasserfläche und gelangt in den Freiraum der Bauanlage.

Der Werkstoff Stahl hat uns zu vielen neuen Ideen inspiriert; und er sollte in seiner natürlichsten Materialität gezeigt werden: Walzprofile, Walzbleche und gekantete Stahlbleche, deren Oberflächen aus Korrosionsschutzgründen mit Eisenglimmerfarben beschichtet sind. Stahl dient aufgrund seiner hohen Druck-, Zug- und Biegefestigkeit als tragende Struktur, die in den Knoten verwindungs- und biegesteif zusammengefügt ist. Glas und Marmor dienen in großflächiger Ausfachung als Raumhülle.

Ein umlaufender Kreuzgang von 3,40 m Breite und 6,80 m Höhe umgrenzt den Gesamtkomplex und dient

The 58 m. long, 14 m. wide and 3.4 m. deep colonnade in front of the Pavilion follows this master plan and serves as the entrance and transition zone. After walking through the colonnade, the visitor crosses a bridge over a water feature to reach the open space of the development.

Steel inspired us with many new ideas, and we wanted to show off the material in its most natural form, rolled sections, rolled sheet and press break bent steel plates, with surfaces coated with micaceous iron paint for corrosion protection. With its high compression, tensile and flexural strength, steel provides a load-bearing structure joined by nodes resistant to twisting and bending. The generous spaces in the framework are infilled with glass and marble to curtain the interior.

The "cloister" running all around the outside is 3.4 m. wide and 6.8 m. high. It marks the outside limits of the building complex as a whole and serves as a lobby. To the south, the cloister opens partially to the courtyard, while three large revolving doors mark the access route via the bridge to the western side of the Plaza. The northern part of the cloister includes the exhibition cabinets and the imposing church itself with 24 x 24 m. floor space and a height of 18 m., its roof supported by nine slender steel pillars in the shape of a cross.

The visitor can also come directly from the open space into the church with its solemn and dignified highlights on the vertical elements, and has several connections to the "clois-

zugleich als Wandelhalle. Im Süden öffnet sich der Kreuzgang partiell zum Hof; drei große Drehtore markieren den Zugang über die Brücke nach Westen zur Plaza. Im nördlichen Teil umfasst der Kreuzgang die Ausstellungskabinette und den imposanten großen Christusraum von 24 x 24 m Grundfläche und 18 m Raumhöhe, dessen Dach von neun schlanken, wiederum kreuzförmigen Stahlstützen getragen wird.

Den durch das Licht und die betonten Vertikalen feierlich und würdevoll akzentuierten Christusraum betritt der Besucher aber auch unmittelbar vom Freiraum; er hat zugleich mehrfache Verbindungen zum umlaufenden „Kreuzgang". Im Übergang zwischen dem großen Christusraum und dem Kreuzgang sind auf je 3,40 m x 3,40 m Grundfläche und 3,40 m Höhe räumliche Ausstellungskabinette angeordnet. Die äußere Hülle wird aus gekanteten Stahlblechen gebildet, im Inneren befindet sich eine thematisierte Ausstellung.

In den Zwischenräumen der Kabinette führen eichenholzbelegte Stahltreppen hinab zur Krypta als einem großen Raum der Stille. Sie hat eine frei konturierte, weich geformte Raumumfassung aus Sichtbeton sowie drei im Raum stehende kreuzförmige Stahlstützen als Unterbau der das große Dach tragenden Säulen.

Mit Ausnahme der Krypta und der Kolonnade sind alle Bauten aus einem modularen Baukastensystem zusammengefügt. Den elementierten Systemen des Kreuzganges und der Kirchenraumfassade liegt ein räumliches Rastermaß zugrunde, welches einem

ter". Cabinets with an area of 3.4 m. by 3.4 m. and a height of 3.4 m. are situated in the passage between the large "Christ's Room" and the cloister exhibition. The outer shell is formed of press break bent steel plates, with a theme-based exhibition inside.

Between the cabinets, steel staircases with oak treads lead down to the crypt, the haven of great stillness. The surrounding wall has free contours with gentle shapes in cast concrete, and three cross-shaped steel supports standing in the room form the base of the pillars bearing the big roof.

With the exception of the crypt and the colonnade, all the buildings are assembled from a modular buil-

Großwürfel mit einer Kantenlänge von 3,40 m entspricht. Bei der Kirchenraumfassade handelt es sich um ein einfaches Pfostenriegelsystem. Es ist nur gesteckt und verschraubt und dadurch einfach montier- wie demontierbar. Die Kreuzgangkonstruktion besteht aus Elementrahmen von 3,40 m x 6,80 m Achsmaß. Sie werden zu einem biegesteifen Rahmen aus vier L-förmigen Riegelprofilen und Flachstelen zusammengesetzt und über Steckverbindungen zum Kreuzgang gefügt. Alle Fügungen sind durch Steckverbindungen leicht demontierbar hergestellt.

Das durch die Art der Füllung entstandene Kastensystem der Kreuzgangfassade erlaubt es, in jede Kassette vertikal wie horizontal Ausfachungen einzubauen. Die Wände sind entweder einschalig oder zweischalig und nehmen die bereits erwähnten Material- und Ausstellungs-

ding kit. The basis for the system of cloister and church façade elements is a three-dimensional grid in the form of a large cube with an edge length of 3.4 m. The church facade is a straightforward interlocking post-crossbeam system. It is simply plugged and bolted together, so that it can be assembled and then dismantled again. The cloister construction consists of element frames with an axis of 3.4 m x 6.8 m. They are fitted together to form a rigid frame made up of L-shaped sectional crossbars and flat uprights and joined to the cloister with plug connections. All the joints are specially designed and made to be easily dismantled again by unplugging the connections.

The box system of the cloister facade makes it possible to infill each cassette either vertically or horizontally depending on the type of filler.

vitrinen auf. Durchgänge und Öffnungsflügel sind als die ganze Kassette ausfüllende Drehlamellen in Holz ausgebildet.

Der gesamte Baukomplex mit Ausnahme von Krypta, Kolonnade und Wassergraben sollte nach der Expo zerlegt und in gleicher Fügung in der Klosteranlage Volkenroda in Thüringen neu zusammengebaut und dort weiter genutzt werden.

Während die Entwurfskonzeption als Ganzes durch alle Phasen des Entscheidungsprozesses hindurch nie in Zweifel gezogen wurde, gab es bezüglich einzelner Entwurfselemente widerstreitende Meinungen und Kritik.

So stieß die Idee, den Kirchenraum mit einer fast fugenlosen Marmorschale zu umhüllen, auf heftige Bedenken. Die Öffentlichkeit, so die Befürchtung, würde es nicht verstehen, wenn Kirche sich so protzig gäbe.

Dabei ist mit dünnem Marmor beschichtetes Glas nicht teurer als die heute übliche Methode, das Glas mit Mustern zu bedrucken. Es hat jedoch eine ungleich wirksamere Ausdruckskraft durch seine natürliche Zeichnung, seine vielfältige Lichtmodulation und die dadurch hervorgerufenen Raumstimmungen. Gerade die Kombination eines natürlichen und verhalten variationsreichen Materials mit einer innovativ fortschrittlichen Konstruktion, bei der die Scheiben nur punktförmig gehalten und mit elastischen Fugen versehen werden, repräsentiert die beabsichtigte Synthese aus der Tradition historischer Kirchenfenster und technisch fortschrittlicher Baumethode der Gegenwart.

The walls are either single-shell or double shell and accommodate the glass cases for materials and exhibits as mentioned. Passageways and wings that can be opened are formed as adjustable wooden louvres.

The entire building complex with the exception of the crypt, colonnade and moat is to be dismantled after Expo and rebuilt in the same way at Volkenroda in Thuringia, where it will continue to be used.

Although the overall architectural design was never in doubt throughout all the phases of the decision process, there were differences of opinion and criticism of individual elements of the concept.

Thus, the idea of curtaining the entire church with a virtually joinfree marble shell aroused vehement concern. The fear was that the public would not understand such ostentation on the part of the Church. However, laminating glass with very thin marble is no more expensive than today's more common method of printing patterns on it, although the effect is very much more expressive with the natural grain patterns and very varied light modulation, creating different moods in the church. It is precisely this combination of a natural and unobtrusively versatile material with an innovative modern architectural design, in which the panes are retained only at isolated points and sealed with elastic joins, that displays the intended synthesis of historic church windows and present-day advanced building technology.

Eine Kirche, die gebraucht wurde

oder: „5 Tage EXPO und 6x hier im Christus-Pavillon – weil es sooo toll ist!“[1]

A church needed and used

or: „5 days at EXPO and six times here in the Christ Pavilion because it's just great!“[1]

Fritz Baltruweit/
Meike Riedel/
Gerhard Wegner

„Offen, schön, professionell, einzigartig und modern“[2] – so wurde der Christus-Pavillon von den Besucherinnen und Besuchern wahrgenommen.

Er wurde zum Publikumsmagnet auf der EXPO – das hatte zu Anfang niemand geahnt. Eine derartig positive Resonanz hatten wir kaum zu hoffen gewagt. 1,8 Millionen Besucherinnen und Besucher wurden auf der „Brücke“ gezählt, dem Eingang, der über einen Wassergraben in den Christus-Pavillon führte.

Etwa 10% aller EXPO-Besucherinnen und -besucher gingen also zur Kirche. Laut den Ergebnissen der Umfrage im Christus-Pavillon haben die meisten Menschen ihren Besuch geplant, die Gästebücher des Pavillons enthalten aber auch viele Kommentare von Besuchern, die zufällig vorbeigekommen sind. Architektur oder Programm haben sie aufmerksam werden lassen und ihre Schritte in den Kreuzgang gelenkt.

„Zahnbürsten!“ – „Guck mal, hier ist Kandiszucker!“ Staunende Gesichter, verblüffte Ausrufe konnte man immer wieder erleben, wenn man

"Open, beautiful, professional, unique and modern"[2] – these are some visitors' views of the Christ Pavilion.

When it all began, no one could even have guessed what a magnet it would turn out to be for the public at EXPO. Even we would hardly have dared to hope for such a positive echo. 1.8 million visitors were counted on the "bridge" leading across a water feature to the entrance of the Christ Pavilion.

About 10% of all EXPO visitors went to the church. According to the results of a poll in the Christ Pavilion itself, most of them planned their visits, although the visitors' books in the Pavilion contained many comments from visitors who just dropped in by chance. The architecture or the programme had caught their attention and steered there feet into the cloister.

Exclamations of surprise like "Toothbrushes" or "Look, this is candied sugar!" could be heard every time one walked through the cloister of the Christ Pavilion, surrounded by

[1] Die Zitate stammen, wenn nicht anders angegeben, aus den Gästebüchern des Christus-Pavillons.
[2] Ergebnis der Evaluationsuntersuchung

[1] Unless otherwise stated, all quotations are taken from the Christ Pavilion's visitors' book.
[2] Result of the evaluation study.

durch den Kreuzgang des Christus-Pavillons ging. Auf der EXPO gab es viel Spektakuläres und Faszinierendes zu bestaunen, im Christus-Pavillon aber waren es zuerst alltägliche Gegenstände, die die Menschen überraschten. Verblüfft betrachteten sie die Füllungen in den Fensterscheiben des Kreuzgangs und fotografierten Teesiebe, Holzwolle, Feuerzeuge oder Federn. So wurde das EXPO-Thema „Mensch-Natur-Technik" aufgegriffen und zugleich deutlich gemacht, dass Kirche und der Alltag der Menschen zusammengehören.

Lichtdurchlässig waren aber auch die Wände des Sakralraumes – durch Glas und Marmor suchten sich die Sonnenstrahlen ihren Weg, warfen

faces filled with astonishment and wonder. There were so many spectacular and amazing things to see and admire at EXPO. In the Christ Pavilion, it was everyday objects that first caught people's fascinated eyes. They stared in incredulity at the filling of the window panes in the cloister as they photographed tea strainers, wood chips, cigarette lighters or feathers. This was the link with the EXPO theme of "People - Nature - Technology", and it showed very clearly that church and people's everyday lives belong together.

The walls of the consecrated hall were designed to let in the light. The sun's rays found their way in through glass and marble, while

Christus-Pavillon
Die EXPO-Kirche

Vögel und Luftballons von aussen ihre Schatten in den Raum. Die gelben Gondeln der Seilbahn zeigten sich regelmäßig an den Glasfenstern in der Decke, dort wo die neun hohen Säulen „wie im Himmel" endeten. Tagsüber herrschte im Kirchenraum Ruhe. Nicht absolute Stille, sondern die Möglichkeit, zur Ruhe zu kommen. Zehnminütige Andachten zu jeder voller Stunde – begleitet von Harfenklängen, Klavier oder auch mal Saxophon. Die Geräusche von außen drangen gedämpft und wie von weitem in die Welt der Christus-Kirche.

Besonders in der Krypta hatten die Besucherinnen und Besucher dieses Gefühl. Waren sie noch geräuschvoll die Treppe hinuntergekommen und hatten laut das Schild „Raum der Stille" gelesen, vielleicht verwundert ausgerufen: „Das ist ja Sand!" – kaum angekommen in der Krypta, verstummten sie.

Bänke luden sie ein, sich etwas auszuruhen und in der Stille den Gedanken nachzugehen. Laut Umfrageergebnis hinterließ bei vielen Menschen der Raum der Krypta neben dem Kreuzgang den stärksten Eindruck. Eine Möglichkeit zur Besinnung ist hier gesucht und gefunden

birds and balloons cast their shadows into the hall from outside. Yellow cable cars appeared at regular intervals at the glass windows in the roof, up there, where the nine tall pillars ended "like in heaven". During the day, an atmosphere of calm pervaded the Church. It was not absolute silence, but an opportunity to find tranquillity. Ten-minute services every hour on the hour, to the accompaniment of sounds of the harp, piano or even the occasional saxophone. Outside noise was subdued in Christ Church and seemed to come from a great distance.

This feeling was particularly evident among visitors to the crypt. Whereas they were rather noisy coming down the stairs and tended to read out loud the notice "Quiet room", or even exclaim, "Look, that's sand!", voices fell silent upon entering the crypt.

Bench seats invited the visitors to rest for a moment and allow their thoughts to wander in peace. The survey results indicated that, after the cloister, it was the crypt that left behind the strongest impression on many of the visitors. It was here that they sought and found a place of contemplation. And it was not just their feet but also their thoughts that led them down to a deeper level. The visitors' book reads, "Anyone who has been to the crypt has left their impression (footprint) on it. They have changed the room. I hope it's changed me, too."

The experience of peace and quiet was not the only welcome respite in the context of a visit to EXPO; the ex-

worden. Nicht nur die Schritte, auch die Gedanken der Besucherinnen und Besucher führten in die Tiefe. Im Gästebuch steht zu lesen: „Wer in der Krypta war, hinterläßt seinen ‚Eindruck' (Fußabdruck), der Raum hat sich verändert – hoffentlich hat er auch mich verändert".

Aber es war nicht nur die Ruhe, die im Kontext der EXPO als Wohltat erlebt wurde, sondern auch die Ausstellung und das Programm, das die Gäste des Pavillons begeisterte. „Habe Schokoriegel gegen Sonnencreme getauscht. Jetzt habe ich keinen Hunger mehr und jemand Anderes keinen Sonnenbrand." Besonders die Ausstellungskabinette, die zum Mitmachen einluden, kamen an. Das Geben-und Nehmen-Kabinett veränderte minütlich sein Gesicht. Lagen eben noch Kaugummi oder ein Stofftier in den Fächern, so waren daraus etwas später Postkarten oder Taschentücher geworden. Kerzen und Brot wurden laufend nachgelegt, und in den Hör-Nischen lauschten die Menschen versunken den Klängen aus mehreren Jahrhunderten.

Musik spielte überhaupt eine große Rolle - bei den stündlichen Andachten, den Gottesdiensten, den kulturellen Veranstaltungen. Im Innenhof und im Sakralraum des Pavillons war die Bandbreite der kulturellen Formen riesig: Da gab es leise Harfenklänge genauso wie laute Trommelwirbel. Von Gospel über Pop-Konzert bis zum Theaterfestival Scena, von traditioneller Chormusik bis zu Straßenkindertheater fanden Gruppen, Künstlerinnen und Künstler ihren Platz und schufen Raum für die Be-

hibition and the programme of events had plenty of other delights in store for the Pavilion's guests. "Exchanged chocolate bar for sunscreen. Now I'm not hungry any more, and someone else has been saved from sunburn". The interactive exhibition cases were a great attraction. The give-and-take showcase changed its appearance from one minute to the next. The chewing gum or soft toy that had been in the pigeonholes a moment ago had suddenly turned into post cards or handkerchiefs. Candles and bread were replaced constantly, and people absorbed in the sounds of the centuries occupied the listener's booths.

Music in general played a prominent part, be it in hourly prayers, regular worship or cultural events. A huge range of different cultural forms of performance filled the inner courtyard and the consecrated hall of the Pavilion, from the delicate chords of the harp to the thunder of drum rolls, from gospel singing

gegnung von Evangelium und Kultur.[3] Und die Menschen waren verzaubert, wenn Giora Feidman seine Klarinette zu den Bewegungen junger Tänzerinnen und Tänzer klingen ließ, die die Schöpfungsgeschichte tanzten. Jauchzen, Feiern, Fragen, Klagen – Töne, Stille und Bewegungen kreierten eine ganz neue Welt. Oder wenn Inga Rumpf mit tiefer Gospelstimme bekannte: „Only God makes Stars" und die Seligpreisungen der Bergpredigt wirklich als Frohe Botschaft bei den Menschen ankamen. Wenn im Innenhof Dixieland- und Jazzmusik erklang, eine Musik, die fröhlich machte und den Tag in der Sonne bei Kaffee und Käsestange zum Genuß werden ließen. Oder wenn Desmond Tutu zu Pfingsten norddeutsche Gemüter dazu brachte, laut im Chor zu rufen: „I am a very special person", dann predigte er nicht nur vom Geist Gottes, dann wehte dieser wirklich.

Aber nicht nur diese Highlights machten den Pavillon attraktiv, auch die geistlichen Angebote wurden von den Menschen gebraucht. Der Christus-Pavillon war als ökumenische Kirche konzipiert worden. Und so standen Stundengebete, Gottesdienste, Vespern und der tägliche Abend-

through pop concerts to the Scena theatre festival, from traditional choral music to children's street theatre. Each group or individual artist found his, her or their place and created space for "Gospel meets Culture".[3] And the people were spellbound as the sound of Giora Feidman's clarinet accompanied the movements of young dancers performing the story of Creation. Sound, silence and movement created a whole new world of rejoicing, celebration, questioning and lamentation. Or when Gospel singer Inga Rumpf's rich voice acknowledged that "Only God makes Stars", and the Beatitudes from the Sermon on the Mount really did come home to people as Good News, or when Dixieland and jazz music filled the inner courtyard, cheering people's hearts and turning coffee and cheese sticks on a sunny day into a sublime experience. Or when Desmond Tutu inspired cool North German souls to sing out in chorus, "I am a very special person!" At moments like this, the spirit of God was truly present, not just a proclamation.

But these were not the only highlights that made the Pavilion into a visitor attraction. People also responded to the offer of religious services. The Christ Pavilion had been conceived as an ecumenical church, which meant that the office of the hours, services of worship, vespers and the daily evening blessing were regular features in the programme. Later, christenings and baptisms, weddings and memorial services were added by popular request,

[3] „Der Klang des Christus-Pavillons" ist als Doppel-CD beim tvd-Verlag erschienen: mit über 20 Beiträgen von Marilyn Mazur (Stundengebet-Psalm), Christian Bollmann, Giora Feidmann, dem Hilliard-Ensemble, Hans-Jürgen Hufeisen, dem Knabenchor Hannover, den Regensburger Domspatzen, Inga Rumpf, Heribert Leuchter, Sabine Meyer, Band Schulze, Markus Stockhausen u.v.a. – auch mit dem „Licht der Welt" (auch als Computer-Video).

[3] „Der Klang des Christus-Pavillons" (Sounds from the Christ Pavilion) is available on a double CD from tvd-Verlag: it contains over 20 pieces by Marilyn Mazur (Psalm from Office of the Hours), Christian Bollmann, Giora Feidman, the Hilliard Ensemble, Hans-Jürgen Hufeisen, the Hanover boys' choir, the Regensburger Domspatzen (Regensburg Cathedral choir), Inga Rumpf, Heribert Leuchter, Sabine Meyer, Band Schulze, Markus Stockhausen etc. There is also an accompanying video „Licht der Welt" (Light of the World - also on DVD).

segen auf dem Programm. Taufen, Trauungen und Trauerfeiern kamen später noch hinzu – denn diese wurden von den Menschen gewünscht, ja regelrecht eingefordert. Und die EXPO-Kirche war offen für diese Wünsche, entwickelte sich zu einer „Kirche, die sich öffnet“.[4]

Das geistliche Angebot orientierte sich am Rhythmus der Menschen: „Wir beginnen unseren Tag auf der EXPO im Christus-Pavillon mit einer Andacht – ein guter Anfang“, so konnte man es öfter in den Gästebüchern lesen, oder die Besucherinnen und Besucher setzten ganz bewusst den Schlusspunkt ihres EXPO-Besuchs im Pavillon. Bei dem Abendsegen, dem „Licht der Welt“, bewegte sich zu ruhiger Musik ein Lichtspiel über den Boden des Sakralraumes. Dazu wurde ein Segen gesprochen, der den Anwesenden wie dem ganzen Erdkreis galt. Am Ende des Tages ließen sich die

or indeed demand. And the EXPO Church welcomed these requests and developed them as a “church that opened up”.[4]

The religious programme was guided by people's personal rhythms. Several entries in the visitors' book said, “We are starting our day at EXPO with worship in the Christ Pavilion – a good start”. Or the visitors deliberately chose the end of their day at EXPO for a visit to the Pavilion. During the evening blessing, “Light of the world”, a light

[4] So der Titel des Buches von F. Baltruweit, D. Haite und J. Hellwig, in dem das Konzept der Programmgestaltung in der EXPO-Kirche sowie viele der hier entwickelten Modelle und Bausteine „für ein neues liturgisches Erleben und Gestalten“ dargestellt sind (Gütersloher Verlagshaus).

[4] Title of a book by F. Baltruweit, D. Haite and J. Hellwig, presenting the concept and programme design for the EXPO Church plus many of the models and modules developed in this context “for new ways of experiencing and designing liturgy (published by Gütersloher Verlagshaus).

Menschen hier fallen – hinein in das Spiel von Licht und Dunkelheit und die Zusage des Segens. Die langen Wege und vielen Eindrücke hatten Beine und Geist müde gemacht. Hier konnten sich die Menschen entspannen und zugleich gefüllt mit neuer Energie weitergehen: „Der Abschluss des Tages lässt mich voll, übervoll hier stehen."

Segen für die Welt

(Tagesabschluss im Christus-Pavillon)

Geht hin in die Welt, in Abend und Morgen.
Gott, Schöpfer des Lichtes,
segne Euch und alle Menschen
und alles, was den Hauch des Lebens in sich trägt.

played across the floor of the church to the soothing sound of music while the blessing was pronounced upon those present and the whole world. At the end of the day, people could come here and let go, losing themselves in the play of light and darkness and the promise of the blessing. The long walk and the many impressions of the day had made legs and spirits tired. Here was a place where people could relax and yet continue on their way newly energised; "The close of the day leaves me standing here full, overfilled."

Blessing for the whole world

(Close of day in the Christ Pavilion)

Go out to the world, to evening and morning.
May God, the Creator of light,
bless you and all people

Gott segne Euch im Lauf der aufgehenden Sonne rund um die Erde;
sei du der Morgenstern, der über Australien wacht;
die Morgensonne, die über Asien aufgeht;
die Sonne der Gerechtigkeit, die für Afrika neuen Segen bringt;
die Morgenröte, die über Europa erstrahlt;
das Sonnenlicht, das sich über die Weiten Süd- und Nordamerikas verschenkt.
Gott segne Euch und behüte Euch.
Gott sorge für Euch.
Gott bewahre Euch und erfülle Euer Leben mit Liebe.
Amen.

and everything that carries within it the breath of life.
God bless you as the sun runs its course around the world;
Lord, be the morning star watching over Australia,
the morning sun rising over Asia,
the sun of justice bringing new blessings to Africa;
the rosy dawn glowing over Europe;
the sunlight spending itself unstintingly throughout the vastness of North and South America.
May God bless you and keep you.
May God care for you.
May God keep you and fill your life with love.
Amen.

An den Wochenenden fanden Gottesdienste und ökumenische Vespern statt – viele waren besonders liebevoll wie professionell gestaltet. Es gab Tanz und Performance, das Musical einer Konfirmandengruppe, Musik von den Regensburger Domspatzen bis zum Gottfried-Böttger-Trio. Prominente Menschen aus Politik und Kirche wie Norbert Blüm oder Bischöfin Margot Käßmann waren genauso beteiligt wie ein Bäckermeister beim Erntedankgottesdienst.

Die EXPO-Kirche suchte den Dialog mit Persönlichkeiten aus Kunst, Wirtschaft und Politik – und hat damit gute Erfahrungen gemacht. Menschen mit erfrischendem Blick und unpathetischer Sprache belebten die Veranstaltungen. Die Reihe „Lebenszeichen" stellte Menschen vor, die für andere zum Segen geworden sind und eine spirituelle Ausstrahlung

Weekend worship and ecumenical vespers were arranged with both loving care and great professionalism. Each service was special, enhanced by dance and performance, a musical by a confirmation class, music ranging from singing by the Regensburg Domspatzen (Cathedral choir) to the Gottfried Böttger Trio, and the presence not only of celebrities from political or church circles, such as Norbert Blum or Bishop Margot Kaessmann, but also of a master baker in the Harvest Festival Service.

The EXPO Church sought dialogue with personalities from the world of art, business and politics and found the experience rewarding. Refreshing views through different eyes and forms of speech free of bathos brightened up the events. The series "Signs of Life" presented

haben. Von Jürgen Fliege und Rüdiger Nehberg bis zu André Heller und Walter Jens spannte sich ein Bogen, der von weiten Besucherkreisen und gerade auch von den Radiosendern mit Interesse wahrgenommen wurde.

Wie das kulturelle und geistliche Programm angenommen wurde, übertraf alle Erwartungen. Zu den

personalities who had been a blessing to others and who radiated spirituality, from people like Jürgen Fliege and Rüdiger Nehberg to André Heller and Walter Jens. All this made the church interesting to a wide range of visitors and especially the radio stations.

Cultural and religious programmes were received in a way that exceeded any expectations. The church filled up regularly with people who had either come specially or just dropped in for hourly prayer or regular worship. Interestingly, they positioned themselves in different places, choosing their very own space. Some sat on the periphery, others chose the pews directly in front of the altar pediment, and yet others stood in the cloister and watched what was happening inside the church from there. New visitors came in; others stood up and moved on - just as they pleased. Here was a church that made no attempt to keep anyone in or control his or her movements in any way. The kind of

ben, Termine für Pavillon-Führungen vereinbart, die nächste Verpflegungsbestellung aufgegeben. Chöre fragten nach Auftrittsmöglichkeiten, Paare erkundigten sich nach Trauungen, Eltern meldeten ihre Kinder zur Taufe an und Fernsehsender und Zeitungen

repairs, writing press bulletins, making appointments for guided tours of the Pavilion, placing catering orders etc. Enquiries came from choirs about possible performances, from couples for a wedding, from parents asking for their babies to be baptised,

wollten Dreh- und Interviewtermine festmachen. Es geschahen auch immer wieder unvorhergesehene und witzige Dinge: Eines Abends um halb zehn tauchten zwei Polizisten im Büro auf. Ein Kollege von ihnen sollte am nächsten Tag verabschiedet werden: Ein ehrenamtlicher Organist aus Regensburg. Und sein sehnlichster Wunsch war es, an seinem letzten EXPO-Tag auf der Orgel im Christus-Pavillon zu spielen...

Morgens und nachmittags jeweils zu Schichtbeginn wurden die ehrenamtlichen Mitarbeiterinnen und Mitarbeiter eingewiesen, die drei Wochen lang im Pavillon Dienst taten. Schüler und Studierende, Hausfrauen und Rentner, kirchliche Angestellte und Beamte, Evangelische, Katholische und Freikirchliche, Menschen aus dem Großraum Hannover, aus Kiel, München, Basel oder Wien. Sie begrüßten die Besucherschaft am Eingang, gaben Auskunft im Kreuzgang und Sakralraum, informierten und verkauften am Info-Tresen, stellten Sitzhocker und Bänke. Unten im Verborgenen schmierten sie Brötchen, kochten Kaffee, beschafften neue Kerzen und Informationsmaterial aus den Lagern, holten die Künstlerinnen und Künstler vom Hotel und Bahnhof ab, falteten Sitzhocker oder beseitigten Kerzenreste. Die Aufgaben waren so vielfältig und weit gestreut wie die Herkunftsorte, Berufe und Konfessionen der Mitarbeitenden. Anstrengend war es sicherlich für alle, egal ob jung oder alt. Aber die Begegnungen mit Besuchern, das Miteinander mit den anderen Ehrenamtlichen und der Kontakt zu Künstlerinnen und Künst-

and television stations and newspapers requesting dates for filming sessions and interviews. Unforeseen and amusing incidents happened all the time. One evening at nine thirty, two police officers turned up in the office. One of their colleagues, a volunteer organist from Regensburg, was leaving the following day, and it was his dearest wish to play the organ in the Christ Pavilion on his last day at EXPO...

Morning and afternoon shifts for the volunteers and staff working three weeks at a time in the Pavilion began with a briefing. They included school pupils and students, housewives and civil servants, members of Protestant, Catholic and non-conformist churches, people from greater Hanover, Munich, Basel or Vienna, whose jobs were to welcome visitors at the entrance, give information in the cloister and in the church, provide assistance and sell goods at the information stands, shift stools and chairs. Downstairs, they worked behind the scenes making sandwiches and coffee, replacing candles and re-filling information brochures from stock, they went to collect the artists and performers from their hotels or the station, folded up stools or cleaned up wax that had dripped from the candles. Their tasks were as many and varied as the places they came from, their regular occupations and religious affinities. It was certainly an energetic job for all of them, young or old. However, the encounters with visitors, working together with other volunteers and meeting artists and performers

lern mobilisierten Kraftreserven. Und keiner ging, wie er gekommen war. Augenblicke, die man nicht vergessen wird, verwandelten und begleiten weiter: Giora Feidman, der im Sozialraum für die Küchencrew spielte; ein Stundengebet, das eine Spätschicht nach Feierabend spontan miteinander feierte oder ein Abend, an dem ein Ausbildungsdezernent mit seinen Studierenden gemeinsam und ausgelassen das Tanzbein schwang – und das alles ökumenisch: So viele Stunden haben vorher weder das „Begrüßungs-Personal auf der Brücke" noch die evangelischen und katholischen Liturginnen und Liturgen zusammen verbracht. Der Austausch war intensiv, das Gefühl der Gemeinsamkeit groß. Solche Erlebnisse und Erfahrungen haben die Mitarbeiterinnen und Mitarbeiter in ihren Alltag mitgenommen. Sie sind verändert in ihre Gemeinden vor Ort zurückgekehrt und werden auch dort den Christus-Pavillon weiterleben lassen.

mobilised their reserves of strength, so that not one of them went away the same person they had been before. Moments they will never forget changed them and will accompany them as they move on, such as when Giora Feidman played for the kitchen team in the recreation room, or when a late shift spontaneously held an hourly prayer gathering after work, or an evening when a training officer merrily danced with his students – and all of it was ecumenical. Never before had either the "welcome people" on the bridge or the Protestant and Catholic liturgists spent so many hours in each other's company. It was a very intensive exchange with a strong feeling of sharing common ground. Experiences like these are the reward staff and helpers took away with them. They went back to their local parishes as changed persons and will keep the Christ Pavilion alive there.

Der verantwortungsvolle Umgang mit der Umwelt ist für die Stahlindustrie eine allgemein akzeptierte strategische Zielsetzung. Wenn heute neue Produkte entwickelt werden, wird ihre umweltverträgliche Zusammensetzung immer von Anfang an berücksichtigt. Ressourcenproduktivität – also der sparsame Einsatz der vorhandenen Rohstoffe – und Emissionsminderung stehen als „produktionsintegrierter Umweltschutz“ gleichbedeutend neben Qualitätsverbesserung, Leistungssteigerung und höherer Arbeitsproduktivität. Heute wie morgen ist Stahl unverzichtbar für eine nachhaltige Entwicklung und dabei führend vor anderen Werkstoffen. Deshalb wird er auch in Zukunft seine Bedeutung als wichtigster industrieller Werkstoff behalten.

material cycle. Perhaps it may even be made into a new steel church.

Acting responsibly for the environment is one of the steel industry's generally accepted strategic goals. Whenever new products are developed now, environmentally compatible composition is always built in from the very beginning. Resource productivity, which means making the most economical use possible of raw materials, and pollution reduction have the same priority as improving quality, efficiency and work productivity as part of "product-integrated environmental protection". Steel is indispensable for sustainable development and will remain so in the future. It has a clear lead over other materials. That is why it will retain its significance as the most important of materials.

Der Christus-Pavillon – ein Gebäude für die Seele der Menschen

The Pavilion of Christ, a building for the soul

Karl-Heinz Michel

„Eine Kirche muss dem inhaltlichen Anliegen der Religion Ausdruck verleihen. Eine Kirche soll zeichenhaften Symbolwert haben, der glaubwürdig im Einklang mit der Botschaft des Glaubens steht... Ein profaner Bau soll den Investor reich machen, ein Sakralbau die Seele der Menschen."

So äußerte sich der Architekt Professor Meinhard von Gerkan bei der Verleihung des Fritz-Schumacher-Preises. Er berührt damit eine Frage, die im ostdeutschen Kontext durchaus berechtigt ist: Wozu überhaupt ein Kirchenneubau, noch dazu in einer Gesellschaft, die nach gründlicher atheistischer Propaganda „vergessen hat, dass sie Gott vergessen hat" (W. Kröpke)? In der Tat haben die meisten Bürger im Osten Deutschlands nach jahrzehntelanger ideologischer Imprägnierung genug von jeder Form weltanschaulicher Aussagen, wozu natürlich auch die religiösen Aussagen zählen.

In der Interessenlage des Zeitgenossen rangieren ganz andere Dinge an oberster Stelle. Zum Beispiel Körperkultur, Konsum und Kosmetik,

"A church must give expression to the cause and content of religion. A church should have symbolic value as a sign that is in credible harmony with the message of faith,..... a profane building ought to make investors rich, but a church enriches the human soul."

Those were the words of architect Professor Meinhard von Gerkan when he received the Fritz Schumacher Prize, and the statement touches on a question that is more than justified in East Germany. Why bother to build a new church at all, especially in a society that "no longer remembers that it has forgotten God" (W. Kröpke) after all that very thorough atheist propaganda? Indeed, after decades of ideological brainwashing, most citizens in the eastern part of Germany have simply had enough of philosophical statements of any kind, including those of a religious nature.

Our contemporaries' interests are directed to very different priorities: cultivating the body, consumerism and cosmetics, travel and television.

Kabinette brennen Kerzen, deren Schein in blindem Glas vielfältig reflektiert wird. Licht zieht an. Sollte man nicht auch eine Kerze anzünden – für diesen oder jenen nahen Menschen, der gerade durch Schweres hindurchgeht? Mit dem Licht gehen einige gute Gedanken zu ihm hinüber, wie ein Gebet: Möge es hell werden auf seinem Weg! „Christus

await. Their design is very abstract but colourful. Candles burn in one of the cabinets, their glow reflected in the opaque glass. Light attracts. Should one not perhaps light a candle for someone close who is having a hard time? The light will carry some kind thoughts to that person, like a prayer saying, "May your path be lightened". Christ says, "I am the light of the world". Perhaps the God of Christians might take action. We can all do with some light.

The open doors already reveal the brightness of the room inside. And so, our contemporaries walk into the interior of the Christ Pavilion. Anyone who has not seen it in Hanover will be completely taken by surprise by its spaciousness and height, by the fullness of light and the peace, by the clarity of its lines. Why this impressive room, this grandiose architecture? Why this, why here? In our fully functional times, the Christ Pavilion in Volkenroda tries to provoke, or at least raise questions. It might have made a marvellous station concourse, or an imposing trade

spricht: Ich bin das Licht der Welt." Vielleicht kann der Gott der Christen aktiv werden. Licht brauchen wir alle.

Die offenen Tore lassen bereits die Helligkeit des Innenraums erkennen. So wird dann der Zeitgenosse hineintreten in das Innere des Christus-Pavillons. Wer es in Hannover noch nicht gesehen hat, wird völlig überrascht sein von seiner Größe und Höhe, von der Lichtfülle und Ruhe, von der Klarheit der Formen. Wozu dieser eindrückliche Raum, diese großzügige Architektur? Was soll das, noch dazu hier an diesem Ort? In unserer durch und durch funktionalisierten Zeit wird der Christus-Pavillon in Volkenroda provozieren, zumindest Fragen auslösen. Als Bahnhofshalle: wunderbar! Als Messegebäude: repräsentativ! Aber als Kirche? Sind diese Zeiten nicht vorbei?

„Ein Sakralbau, der die Seele reich machen soll", weil der Mensch mehr ist als Körper und Geist. Seine oft unruhige, hungrige Seele reagiert auf Licht und Helligkeit, auf Farbe und Klang, auf Weite und Höhe, auf Schönheit. Die Seele, jener schwer fassbare Seismograph im Inneren des Menschen, sie reagiert auf alles, was das Herz erhebt. Und die Sinne sind ein direkter Zugang zur Seele. Tief in ihrem Innern lebt die Sehnsucht nach einer besseren Welt. In vielen Symbolen hat diese Sehnsucht in der menschlichen Kulturgeschichte immer wieder ihren Ausdruck gefunden.

Der Christus-Pavillon hat ohne Zweifel „zeichenhaften Symbolwert", den eine dafür empfängliche Seele durchaus registriert. Mit seiner schlichten Hoheit und Ruhe, seiner

fair building, but a church..? Aren't those times long gone?

It is " a sacred building to enrich the soul", because a human being is more than body and mind. The often restless, hungry soul reacts to light and brightness, to colour and sound, to space and loftiness, to beauty. The soul, that intangible seismograph deep inside the human being, reacts to everything that lifts the heart. Deep inside it dwells that yearning for a better world that has found expression time and again throughout human culture in a multitude of symbols.

The Christ Pavilion has, without doubt, symbolic value as a sign that is perceivable to a receptive soul. With its simple sublimity and calm, its fullness of light and spaciousness, even its square dimensions and cubic form, it points beyond itself towards a different reality. As the

Lichtfülle und Weite, ja selbst durch die quadratischen Maße und die Würfelform weist er über sich hinaus auf eine andere Realität. Die hellen Marmorplatten erlauben nicht, in die direkte Umgebung hinaus zu schauen, und so schaut man gleichsam durch sie hindurch, über das Sichtbare hinaus in transzendente Welten. Der christliche Glaube weiß darum und bekennt: Christus, nicht im Tode geblieben, sondern auferstanden und aufgenommen in eine lichtdurchflutete ewige Welt Gottes. Dies kann einem mit sinnlicher Kraft nahe kommen, wenn man sich eine Zeitlang dem Raum und seiner Wirkung aussetzt.

Ohne einen solchen Blick über diese vergängliche Zeit und Welt hinaus findet der Mensch keinen Sinn für sein kurzes Erdendasein. Ohne die Hoffnung auf eine kommende Erfüllung bleibt die Seele arm, im bloß Irdischen gefangen. Es gibt noch mehr als das, was vor Augen ist. Die Seele weiß es und sucht es. Und sie

light-coloured marble slabs veil the view of the immediate surroundings, the eye looks right through them, beyond what is visible into transcendent worlds. Christian faith understands this and confesses Christ, who did not remain in the realm of the dead but rose again and ascended into the eternal world of God's ineffable light. This room can bring it home with the full force of the senses if people only allow themselves to soak up the atmosphere of the room for a while.

The only way for human beings to find a meaning for their brief existence on earth is to look beyond their transitory time and world like this. Without the hope of fulfilment to come, the soul remains impoverished and trapped in earthly things. There is more than what the eye can see. The soul knows this and searches for it. It needs places, spaces where it can feel it.

One of the main purposes the Christ Pavilion in Volkenroda monastery is to bring the offer of Christian faith to people with that full force of the senses. Many people will come especially with an interest of their own, others will be merely curious, some will be younger, others older, some of them close to the

braucht Orte und Räume, die ihr das nahe bringen.

Das Angebot des christlichen Glaubens mit allen Sinnen den Menschen nahe zu bringen, ist ein Hauptanliegen des Christus-Pavillons im Kloster Volkenroda. Manche werden gezielt aus Interesse kommen, andere einfach nur aus Neugier, junge Menschen und Ältere, Kirchennahe und noch mehr Kirchenferne. Der eindrucksvolle Sakralraum und die neu gestalteten Kabinette mit ihren sinnfälligen Christus- und Gottesaussagen, der Kreuzgang und das Ambiente des wiedererstandenen Klosters werden auf ihre Weise die Menschen ansprechen.

Vermittelt wird dies vor allem über Führungen von Einzelbesuchern und Besuchergruppen, die den Christus-Pavillon als eine sehenswerte Attraktion Nordwest-Thüringens aufsuchen werden. So setzt sich die Anziehungskraft der EXPO-Kirche von Hannover

Church and others more remote from it. The impressive church itself and the newly designed cabinets with their meaningful statements about Christ and God, the cloister and the atmosphere of the resurrected monastery will address people in their own way.

The message is communicated primarily by guided visits for indi-

unter veränderten Umständen fort. Dies gilt es überlegt und mutig zu nutzen, um neue Wege für kirchliche Arbeit in einer weithin entkirchlichten Gesellschaft zu suchen und zu wagen.

Zugleich bietet der Christus-Pavillon Raum für Großveranstaltungen, regionale Kirchentage, Jugendfestivals, besondere Begegnungssonntage und Werktags-Gottesdienste, die Christen und am christlichen Glauben Interessierte in größerer Zahl zusammenrufen.

Der Ökologische Jugendpilgerweg „Jodokus" von Loccum nach Volkenroda endet hier. Es gibt bereits erste Anfragen von Wallfahrten. Tatsächlich könnte der Christus-Pavillon in Volkenroda zu einem Wallfahrtsziel werden, wie dies im katholischen Raum vielfältig vorhanden, in der evangelischen Kirche aber noch unüblich ist.

Neben dem geistlichen Angebot ist in Volkenroda ein Kulturprogramm bereits zur Tradition geworden, das gerade auch zeitgenössische Werke einschließt. Konzerte, Kunstausstellungen, Dichterlesungen, der jährliche Gospel-Workshop haben schon in der Vergangenheit viele Menschen

viduals and groups coming to see the Christ Pavilion as an interesting attraction in northwest Thuringia. In this way, the magnetic force of Hanover's EXPO church will continue to have its effect under changed circumstances. This should be put to use with circumspection and courage to find and embark on new pathways for Church work in a society which has, to a great extent, moved away from the Church.

At the same time, the Christ Pavilion provides space for major events, regional Church rallies, youth festivals, special open Sundays and weekday services that will bring together large numbers of Christians and people with an interest in the Christian faith.

The "Jodocus" ecological youth pilgrimage from Loccum to Volkenroda ends here. Initial enquiries are coming in for pilgrimages. Indeed, the Christ Pavilion in Volkenroda could well become a destination for pilgrimages, of which there are already many in the Catholic sector, although this custom is not yet widespread in the Protestant Church.

In addition to the spiritual offers in Volkenroda, a tradition of cultural programmes that include contemporary works has already grown up. Concerts, art exhibitions, poetry readings and the annual gospel workshop have already attracted many participants and visitors in the past. Christ's pavilion will make the attraction even stronger. It will also be available for quite "profane" events; for instance, it will serve schools in the region as an imposing

angezogen; durch den Christus-Pavillon wird dies noch stärker der Fall sein. Ebenso wird der Christus-Pavillon auch für ganz „profane" Ereignisse zur Verfügung stehen, wird etwa den Schulen der Region als repräsentativer Raum für Entlassungsfeiern dienen, die bisher schon in der alten Klosterkirche stattfanden, allerdings räumlich sehr beengt.

So zeichnet sich ein breites Spektrum von kirchlichen, künstlerischen und profanen Nutzungsmöglichkeiten ab, die den Christus-Pavillon in der Region verankern und als offenes Haus für viele Menschen in den Blickpunkt bringen. Volkenroda lädt herzlich ein!

setting for the graduation ceremonies that now take place in the old monastery church, where the space was very confined.

Thus, a wide range of ecclesiastical, artistic and profane uses is already emerging that will anchor Christ's pavilion in the region and focus it as an open house for many people. Volkenroda extends a warm invitation.

schen, Jung und Alt waren an dem sonnigen Nachmittag bei dem Kreuz versammelt. Der Volkschor und Bläser standen bereit, der jeweils zuständige Pfarrer, evangelisch wie katholisch, war präsent.

In seiner Begrüßung fragte der Bürgermeister ein wenig selbstkritisch: „Was machen wir hier eigentlich? Wir sind doch hier nicht in Bayern oder im katholischen Eichsfeld!" Er spielte damit auf die Tatsache an, dass die wenigsten unter den Versammelten Christen waren. Das „Vater unser" kam nur einem Teil der zur Kreuzeinweihung Anwesenden geläufig über die Lippen.

Diese kleine Begebenheit sagt mehr als manche Statistik: Christen sind in Thüringen, sowohl in den Städten als auch in den Dörfern, in denen noch nach dem letzten Kriege die Mehrzahl der Kinder getauft wurde, heute in der Minderheit. Es gibt schon lange keine volkskirchlichen Verhältnisse mehr. Und dennoch: Diese ungetauften Menschen sind beileibe nicht alle Atheisten. Zudem: Die kulturellen Zeichen einer christlichen Prägung Thüringens sind bis heute unübersehbar präsent. Die Menschen haben, wie ich zu erkennen meine, durchaus mehr als nur ein museales Interesse an diesen Zeichen. Als in einem der Dörfer in der Nähe von Erfurt vor kurzem eine Kirche abbrannte, haben sich alle Einwohner des Ortes, auch jene, die von der Kirche ansonsten keinen Gebrauch machen, für den Wiederaufbau „ihrer" Kirche eingesetzt. Wie kann die Kirche dieser Situation gerecht werden?

gathered at the cross. The local choir and brass band were in position and the two incumbents, the Catholic priest and the Protestant pastor, were in attendance.

The mayor's welcome address included the mildly self-critical question, "What are we actually doing here? This is not Bavaria or the Catholic village of Eichsfeld!" He was alluding to the fact that only a minority of the present company were Christians. Not all of those who had come to the consecration of the cross were able to recite the Lord's Prayer without hesitation.

This little anecdote tells us more than most statistics. Christians in Thuringia are now in the minority, whether in towns or in the villages,

Die Herausforderung

Umfragen über die religiöse Bindung der Deutschen haben ergeben, dass in den alten Ländern der Bundesrepublik mehr Menschen Kirchenmitglieder sind als an Gott glauben. Umgekehrt aber gibt es Zählungen, die für die neuen Bundesländer belegen: Hier glauben mehr Menschen an Gott (oder an eine „höhere Macht") als Mitglieder einer Kirche vorhanden sind.

Für mich ist dieser Befund durchaus verständlich. Dezidierter Atheismus ist intellektuell viel zu anstrengend und in der Tatsächlichkeit des erlebten und erlittenen Alltags auch schwer durchzuhalten. Die Menschen sind sicherlich in religiöser Hinsicht indifferent. Eine Kirchenbindung wurde schon lange, meist schon in der Eltern- und Großelterngeneration, aufgegeben. Ihre „Welt- und Lebensanschauungen" setzen sich aus verschiedensten Versatzstücken zusammen, darunter sicher auch Relikte aus

where most babies were still christened even after the last war. The times of universal affiliation to the church are long gone. Nevertheless, these unchristened people are by no means all atheists. And what is more, the cultural signs of a Christian Thuringia remain unmistakably present to this day. The people's interest in these signs is, I believe, more than just the fascination of museum pieces. When a church burned down recently in one of the villages around Erfurt, all the local people, including those who otherwise have no use for the church, campaigned to rebuild "their" church. How can the Church best respond to a situation like this?

The Challenge

Surveys about the religious ties of the German population have shown that there are more people affiliated to the Church than the number who believe in God in the old federal states (West Germany). Conversely, some polls indicate that the opposite is true of the new federal states (East Germany), where more people believe in God (or a "higher power") than belong to the church.

There is nothing surprising for me in this finding. Determined atheism is intellectually hard work and difficult to keep up when faced with the facts of everyday experience and suffering. What is certain is that people are largely indifferent to religion. Association with the Church has been abandoned long ago, often in the parents' or grandparents' genera-

dem Repertoire der alten marxistischen Religionskritik, vermengt mit den Vorurteilen und Missverständnissen über Kirche, Religion und Christentum, die sie jetzt aus der allgemeinen gesellschaftlichen Stimmung übernehmen, aber auch verbunden mit der Meinung, dass man durchaus anständig leben und ein ordentlicher Mensch sein könne, ohne den in ihren Augen strapaziösen Verhaltenskodex einer konkreten Kirchenbindung zu übernehmen.

Dennoch: Bei der Einweihung des Kreuzes spürte ich so etwas wie eine freundliche Zustimmung der dort versammelten Menschen. Das über 5 m hohe Kreuz hat kein Korpus. Es zeigt auf dem Querbalken die Inschrift: „Gott schütze dieses Land!" Nein, dagegen ist niemand! Man kann ja nie wissen, wozu das gut ist! Und zudem kommen im jetzigen Thüringen wieder Personen der Geschichte in den Blick, die offensichtlich etwas mit diesem Gott des Christentums zu tun haben: Elisabeth, deren allgemeiner Wertschätzung, ja Verehrung auch die

tion. Their views of life and the world are a varied patchwork, including, no doubt, some leftovers from the old Marxist critique of religion mingled with prejudices and misunderstandings about the Church, religion and Christianity absorbed from the general atmosphere than now prevails in society, not uninfluenced by the opinion that it is perfectly possible to live a decent life and be a good person without adopting what they see as the exacting code of conduct attached to concrete ties with the Church.

And yet, I felt something like benevolent approval from the people gathered for the consecration of the cross. The cross itself is over five metres high and is not a crucifix. The inscription on the crossbar reads, "God protect this Land!" No, no one could possibly object to that! You never know when it might be useful! Moreover, it recalls to mind in the Thuringia of today several historical personages who apparently did have something to do with the God of

DDR-Jahrzehnte nichts anhaben konnten, der „Mantelteiler" Martin, an dessen Festtag sich freudig und ohne „Druck" von außen Tausende Erfurter Kinder auf dem Domplatz mit ihren bunten Lampions versammeln, und natürlich Martin Luther, Meister Eckart, Johann Sebastian Bach und viele andere, auf die man heute in Thüringen wieder neu mit Recht stolz ist.

Wozu Kirche da ist

Wie mit dieser Situation seelsorglich umgehen? Vermutlich erleben wir hier in den neuen Bundesländern eine Entwicklung, die uns als Kirchen und Christen zu einer kopernikanischen Wende in unserem Selbstverständnis verhilft. Wir lernen neu Kirche für und mit den Menschen zu sein, und da-

Christianity. Popular esteem, not to say veneration for St Elisabeth, for instance, remained unaffected even by the GDR decades. Then there is St. Martin who shared his cloak with the beggar, on whose feast day no compulsion is needed for thousands of Erfurt children to gather in cathedral square to show off their coloured lanterns, and of course Martin Luther, Master Eckart, Johann Sebastian Bach and many others of whom the people of today's Thuringia are newly and justly proud.

What the Church is for

So how do we handle this situation in pastoral terms? We seem to be going through a development here in East Germany that could help us

durch werden wir vertiefter zu dem, was wir eigentlich als Kirche sein sollen: Zeugen des Evangeliums Jesu Christi für die Zeitgenossen.

Damit knüpfen wir im Grunde beim ursprünglichen Sinn von Kirche an, so wie es katholischerseits das 2. Vatikanische Konzil neu erschlossen hat. Es geht darum, den Menschen der jeweiligen Zeit „Gottesberührung" zu ermöglichen, Lebenskontakt mit der Botschaft Jesu Christi, die im Letzten er selbst in Person ist. Kirche ohne diesen Willen zu einer „missionarischen Präsenz" kann es gar nicht geben, im gewissen Sinne kann man auch sagen: hat es wohl auch nie gegeben, selbst wenn die volkskirchliche Situation vergangener Epochen dieses Bewusstsein in der jeweiligen kirchenhistorischen Stunde manchmal hat zurücktreten lassen.

Heute freilich gilt für die neuen Bundesländer, und wohl zunehmend

reach a turning point of a similar magnitude to Copernicus' discovery that the world is round in our understanding of ourselves as church and as Christians. We are learning all over again to be the church for and with the people, to be more profoundly what we really ought to be as the Church, namely witnesses of Christ's gospel for the people of our times.

This brings us back to the original meaning of the Church, reiterated for Catholics by the second Vatican Council. Its purpose must be to enable people in successive ages to "get in touch with God", to make living contact with Jesus Christ's message, ultimately embodied in His own person. There cannot be a Church that does not have this will for a "missionary presence", and one could almost say there never has been, even though there were times in the

auch für andere Regionen in Deutschland, dass in der Breite der Bevölkerung die Grundlagen des Christentums überhaupt nicht mehr vorausgesetzt werden können. Wir haben – und das durchaus zu unserem eigenen Schaden – vergessen, dass diese Voraussetzungen nur präsent bleiben, wenn man sie sich ständig neu erarbeitet, sie im Leben Gestalt gewinnen lässt und sich ihrer „bedient". Wir brauchen in der jetzigen Situation, abgekürzt gesagt, weniger religiösen „Hochleistungssport", sondern wieder neu „Elementarübungen" in Sachen christlicher Glaube. Wir brauchen den Mut zu einer neuen, einfachen und doch ganzheitlichen Prägung und Gestaltung unseres ganz persönlichen, aber auch des kirchlichen Alltags aus dem Geist des Evangeliums heraus. Und zwar in Formen, die unserer jetzigen kulturellen Situation entsprechen und nicht der einer vergangenen Epoche.

Eine neue Gestalt der Glaubensvermittlung

Vermutlich geht in unserer Generation endgültig eine Gestalt des Christwerdens zu Ende, die seit dem Beginn der Reformationszeit bzw. der Gegenreformation bestimmend gewesen ist, nämlich die *pädagogische*, vornehmlich auf Familie und Schule gestützte und durch diese vermittelte Gestalt der Weitergabe des christlichen Glaubens, so wie seit frühmittelalterlichen Zeiten die *„soziale"* Gestalt der Glaubensvermittlung vorherrschend gewesen war, also durch eine Art „Mission von oben her". Wir treten jetzt endgültig in eine Zeit ein, in der christlicher

Church's past history when affiliation was so universal that this awareness was temporarily pushed into the background.

Today, however, we must acknowledge that in the new federal states, and increasingly in other regions of Germany, the basis of Christian faith cannot be assumed to exist at all in the population at large. We are now suffering the consequences of losing sight of the fact that this basis remains present only if we work at it continuously, allowing it to take on a real form in our lives, and if we "use it (or lose it)". What our present situation calls for, to put it in a nutshell, is rather less "elite religious athletics" and more new "sports for all" in Christian faith. We need the courage to set a new, simpler, holistic stamp on the way we shape our daily life in the spirit of the Gospel, both in the very personal sense and as a church, and to give it a form that is in keeping with our cultural situation now, not that of a past era.

A new form of communicating faith

Our generation will probably see the final demise of growing up to be a Christian in the way that has predominated since the beginning of the Reformation period or the Counterreformation. This meant that the *teaching* of Christian faith was supported and imparted primarily through family upbringing and school education, being moulded into the same kind of shape that had been handed down socially since the early Middle Ages i.e. a kind of *"mis-*

Glaube allein *missionarisch-evangelisierend* in der Generationenabfolge weitergegeben werden kann.

Damit nähern wir uns – freilich in einem völlig anderen gesellschaftlichen Kontext – auf bemerkenswerte Weise wieder der Situation des Christentums in den ersten drei Jahrhunderten seines Bestehens an. Dort war – mehr oder weniger – Taufe und Nachfolge Christi im Anschluss an die Gemeinde vor Ort eine Sache eigener, vermutlich auch wiederholter Entscheidung. Selbst wenn wir schon sehr früh mit dem Faktum der Kleinstkindtaufe (im Rahmen der antiken Großfa-

sion from the top down". We are now moving once and for all into an age in which Christian faith can be passed down through the generations only by *missionary evangelisation.*

In a remarkable way, this brings us closer to the situation of Christianity in the first three centuries of its existence, albeit in a very different societal context. There, baptism and becoming a follower of Christ through links with one' s local community was more or less a matter of personal and, presumably, repeated decisions. Even though infant baptism very soon became a factor in the context

milie) zu rechnen haben, war der Anschluss des Einzelnen an die christliche Kirche eben nicht das Selbstverständliche. Angesichts der „Fremdheit“ des Christlichen in einer religionsgesättigten Welt der Spätantike – übrigens eine interessante Parallele zur heutigen „Religionsfreundlichkeit“ in einer nachchristlichen Gesellschaft – war die wiederholte Entscheidung für den „Mehrwert“ des Christlichen für den Einzelnen eine ständige Notwendigkeit. Darauf werden wir uns in der seelsorglichen Arbeit, aber eben auch in der Absicherung unserer eigenen christlichen Existenz vermehrt einzustellen haben. Das Thema „missionarische Präsenz des Evangeliums“ liegt also in der Luft.

Skepsis gegenüber dem Stichwort Mission

Es gibt in der katholischen Kirche in Deutschland (und wohl auch im Bereich der evangelischen Kirchen) eine gegenüber Mission und evangelisierender Verkündigung oft unartikulierte, aber dennoch sehr wirksame Skepsis, die es aufzuarbeiten gilt. Der harte Kern dieser Skepsis hat seinen Anhalt in der gegenwärtigen geistigen Situation unserer Gesellschaft. Diese ist bestimmt von den Spätfolgen von Aufklärung und Christentumskritik ideologischer Systeme einerseits, andererseits von der zunehmenden Subjektivierung bzw. Privatisierung des Religiösen in der Moderne, die von den Kirchen nicht mehr hinreichend aufgefangen werden kann.

Man kann die Moderne unserer Tage in Kurzfassung definieren als den

of the extended family of ancient times, it was by no means common practice for the individual to affiliate to the Christian church. In the light of the "unusualness" of Christianity in a world of late antiquity saturated with religions, (an interesting parallel, by the way, to today's religion-friendliness in a post-Christian society), the individual needed constant re-affirmation of voluntary commitment to the "added value" of Christianity. We will have to adjust more and more to this need in our pastoral work and also in firming up our own existence as Christians. So the subject of the "missionary presence of the Gospel" is in the air.

Scepticism towards the notion of "mission"

There is a great deal of scepticism in both the Catholic and Protestant churches in Germany with regard to mission and evangelisation, which is very virulent though not always articulated. This scepticism needs to be brought out in the open and cleared up. The hard core of this scepticism finds its arguments in the present intellectual situation of our society. On the one hand, this is determined by the late consequences of the enlightenment and critique of Christianity in ideological systems, and at the same time by the increasing trend in the modern world towards religion as a highly subjective and private matter, which the Churches are no longer sufficiently able to compensate.

A short definition of the modernism of our times would be the

Versuch, die Welt vom eigenen Ich her zu entwerfen. Alle Vorgaben, welcher Art auch immer, stehen daher grundsätzlich unter Verdacht. Das gilt übrigens nicht nur gegenüber den Vorgaben des christlichen Glaubens. Der gleiche Verdacht wird allen „Konventionen" und Traditionen entgegengebracht, und vor allem jenen Institutionen, die diese repräsentieren. Die darin zum Ausdruck kommenden bzw. die dahinter als Ursache sich verbergenden komplizierten Modernisierungsprozesse haben grundlegende Veränderungen in der Tradierung des christlichen Glaubens zur Folge, die derzeit noch nicht voll überschaubar sind. Das macht in der Tat jeden Versuch einer „missionarischen Pastoral" äußerst schwierig. Wir stehen gleichsam unter pauschalem „Verdacht", uns nur selbst aus Eigeninteresse reproduzieren zu wollen.

Das pastorale Gewissen der Kirche kann sich freilich nicht mit der bloßen Zurkenntnisnahme religionssoziologischer Diagnosen beruhigen. Zugespitzt gesagt: „Die Entschlüsselung der Postmoderne" bringt nichts, zumindest sehr wenig für die hier und heute anstehende Aufgabe, dem Selbstverständnis von Kirche gerecht zu werden, nicht um ihrer selbst willen da zu sein. Die Kirche musste ja in allen Jahrhunderten seelsorglich handeln, auch ohne bis ins Letzte sich der soziologischen, psychologischen und ökonomischen Grundlagen des eigenen Verkündigungsauftrages vergewissern zu können. Zudem ist die tröstliche kirchengeschichtliche Einsicht festzuhalten, dass nicht alle Prognosen bezüglich möglicher oder unmöglicher „Er-

attempt to shape the world on the basis of one's own self. External rules or given values of any kind whatever are suspect in principle. This, by the way, applies not only to the tenets of Christian faith. Any other kind of "convention" or tradition, and especially the institutions representing it, meets with similar suspicion. This gives expression to, or rather covers up the complex modernisation processes that are its cause, and which will have fundamental consequences for the way in which Christian faith is handed down. It is not yet possible to see where this might lead, so that every attempt at "a pastoral mission" is very difficult indeed. At the same time, we are also exposed to the general suspicion of merely wishing to pass on our faith for our own ends.

Merely taking note of socio-religious diagnoses cannot salve the Church's pastoral conscience. To put it bluntly, "decoding postmodernism" is a waste of time, at least not much use in the light of facing up to the urgent task of deciding how the Church sees its own identity as existing not merely for its own sake in the here and now. The Church has always had to act alone in a pastoral capacity throughout the centuries, even without ultimate certainty of the minute details of its own social, psychological and economic foundations. Moreover, there is the comforting insight in the Church's history that not every prediction about the possibility or otherwise of all the "prospects for success" of Church action has come

folgsaussichten" des kirchlichen Tuns eingetroffen sind. Trotz und gegen alle Wahrscheinlichkeiten hat es immer wieder in der Glaubensgeschichte Aufbrüche des authentisch Christlichen gegeben, die sich selten im Vorhinein haben wahrscheinlich machen lassen. Der Geist weht eben, wo er will.

Was hoffen lässt

Die Tatsache einer zwar noch kleineren, aber stetig wachsenden Zahl von Erwachsenentaufen in Deutschland macht darauf aufmerksam, dass mit einer schon länger anhaltenden Entfremdung von Kirche und christlicher Lebenspraxis auch mit einem neuen

true. New beginnings of authentic Christianity have arisen over and over again in the history of the faith, in spite, or even in defiance of probability, few of which would have seemed probable beforehand. The spirit moves as it will.

Hopeful signs?

The fact that there is a small but steadily growing number of adult baptisms in Germany shows that new questioning and enquiry can be expected after a long period of persistent alienation from the Church and the practice of Christian living. It is interesting to note that a sizeable number of adolescents and adults are coming for baptism out of a virtually sterile remoteness from the Church. Christian faith has been extinct in some of their family backgrounds for two or three generations. The political conditions in the GDR decades often left a little room for "culturally Christian" practices of the kind still found in West Germany, although this "cultural Christianity is only a thin veil over the breakdown of personal faith in God characterising an entire way of life.

The fact seems to be, then, that the greater the alienation is, the more unbiased and untrammelled new access to faith in God in Christian form can be. I am not ignoring the significance for this openness to Christian faith of the widespread presence and background of Christian culture imbued in our social climate, or the influence of Christian

Fragen nach Christentum und Kirche zu rechnen sein wird. Interessant ist die Tatsache, dass hierzulande nicht wenige jugendliche oder erwachsene Taufbewerber aus dem Raum einer nahezu chemisch reinen Kirchenferne kommen. Manchmal ist in den Herkunftsfamilien der christliche Glaube schon seit zwei bis drei Generationen erloschen. Die politischen Verhältnisse der DDR-Jahrzehnte ließen oft auch nicht eine gewisse „kulturchristliche" Lebenspraxis zu, wie sie häufig in den alten Bundesländern noch anzutreffen ist. Dieses „Kulturchristentum" kaschiert ja letztlich den Ausfall eines das Leben prägenden persönlichen Gottesglaubens.

Wir dürfen feststellen: Je größer die Entfremdung, um so unbefangener und unbelasteter wird ein neuer Zugang zum Gottesglauben in christlicher Gestalt möglich. Ich verkenne dabei nicht, welche Bedeutung der noch weithin präsente Hintergrund der christlich-kulturellen Einfärbung unseres gesellschaftlichen Klimas, aber auch der Einfluss christlicher Feste und Bräuche, von Kirchenbauten und anderen Zeugnissen lokaler Kirchengeschichte auf diese Offenheit für den christlichen Glauben hat. Das „Herkommen", der Ursprung, das Interesse für die Wurzeln unserer individuellen und gemeinsamen Geschichte bewegt die Menschen. Das zeigt beispielsweise auch der große Zulauf der Menschen bei gelungenen Geschichtsausstellungen in Museen. Erwähnenswert ist auch das erstaunliche Interesse der Menschen an Kirchen und anderen christlichen Bauten an den „Tagen des offenen Denk-

festivals and traditions, from church buildings and other monuments to local ecclesiastical history. People are moved by an interest in where they come from, their origins, and the roots of individual and collective history. This is manifest, for example in the enormous popularity of successful historical exhibitions in museums. The astounding interest people have in churches and other Christian monuments on historic building open days is also worthy of

mals". Es scheint, als ob sich eine solche Entwicklung, die sich dem Fremdgewordenen gegenüber wieder öffnet, in den neuen Bundesländern schon deutlicher zu spüren ist als in den noch „christentümlich" geprägten Regionen Deutschlands. Das Interesse an dem nicht Selbstverständlichen mag ein menschliches Urdatum sein und als solches noch nicht viel besagen. Aber es ist zumindest ein Anknüpfungspunkt für eine Botschaft, die dann in sich ihre Überzeugungskraft erweisen muss.

Aus diesen Beobachtungen sind freilich keine voreiligen oder falschen Erwartungen abzuleiten. Vor einem möglichen Kircheneintritt befinden sich noch zahlreiche „Tretminen" und „Stacheldrahtverhaue". Aber allein die Tatsache, dass es vereinzelt solche Zuwanderungen aus radikal kirchen- und religionsfernem Milieu gibt, muss uns aufhorchen lassen. Die Vorurteile gegenüber Kirche und Gottesglauben werden diffuser, substanzloser und sie werden, charakteristisch anders als bei getauften Ungläubigen, nicht mehr existentiell an der eigenen Biographie festgemacht. Ich stelle beispielsweise in meinem bischöflichen Wirken fest, dass mir von ehemaligen „DDR-gelernten" Reportern und Journalisten weithin mit einer größeren Offenheit begegnet wird als von getauften, aber kirchendistanzierten Medienleuten aus dem Westen, die immer schon genau wissen, was ich als Bischof zu sagen habe. Natürlich sind hierzulande die Kenntnisse von kirchlichen Dingen und das Wissen über den christlichen Glauben äußerst schmal. Aber auch die Voreingenommenheiten sind geringer.

note. It would seem that this development, a new opening to things that have become alien, is more noticeable in East Germany than in the regions of Germany where Christian folklore appears to be more evident. Interest in the non-obvious may well be a primal feature of human nature, telling us little in itself. However, it gives us an opening to communicate a message, giving it a chance to develop its own power of persuasion.

We must beware of drawing hasty or false conclusions from these observations. Any potential entrant to the Church has a minefield and plenty of barbed wire to get through. However, the fact alone that there are the occasional immigrations from a milieu radically distant and remote from the Church must inevitably put us on the alert. Prejudice against the Church and faith in God are becoming more diffuse, less substantial and are no longer attached, by contrast with baptised unbelievers, existentially to a personal biography. In my capacity as a bishop, for instance, I observe that reporters and journalists who learned their trade in the GDR are often far more open in their approach to me than the baptised media people from the West with more distance from the Church, who always know exactly what a bishop has to say. Of course, their knowledge base in matters of ecclesiastical affairs and Christian faith is extremely small. But their preconceptions are also smaller.

Neue Aufmerksamkeit für das Unterscheidende

Das missionarische Zeugnis der Kirche insgesamt und des einzelnen Christen wird ferner durch folgende Entwicklung begünstigt. Inmitten einer pluralen, vieles nivellierenden und „gleichgültig" machenden Öffentlichkeit mit ihren postmodernen Eigenheiten findet das profilierte Zeugnis einer Minderheit durchaus neue Aufmerksamkeit. Je mehr „alle Katzen grau sind", desto interessanter wird das „Unterscheidende"! Ein profilierter Lebensentwurf, eine dem Zeitgeist widerständige Haltung, ein aus tiefer und glaubwürdiger Überzeugung gesetztes Zeichen – all das findet auch im Zeitalter der Massenkommunikation, ja vielleicht gerade hier, seine Beachtung. Zudem scheint es ein Urgesetz menschlicher Kommunikation zu sein, dass Personen, zumal authentisch wirkende Personen, (weniger Institutionen, die eher dem Generalverdacht ausgesetzt sind, „vereinnahmen" zu wollen!), immer interessant sind.

Das bedeutet, dass Kirche sich stärker noch als bisher „personalisieren" muss, aber eben nicht nur in ihren Spitzenvertretern, sondern in der Breite ihrer Berührungsmöglichkeiten mit der heutigen Gesellschaft. Das stellt oft hohe Anforderungen an den Einzelnen, besonders auch den Seelsorger und an kirchliche „Repräsentanten" (wie es bezeichnenderweise hierzulande oft heißt) voraus, birgt freilich auch die Gefahr in sich, dass vorschnell bestimmte Personen mit dem Ganzen einer Sache, eines Anlie-

Receptiveness for difference

There is another development that is also conducive to the missionary witness of the Church as a whole and the individual Christian. In the midst of a pluralistic, levelling and "in-different" public with its post-modernistic idiosyncrasies, the high-profile witness of a minority does indeed attract new attention. The more "all cats are grey", the more interest is aroused by the distinguishing feature. A high-profile life-plan, an attitude that goes against the grain, a sign arising from a deep belief with the utmost credibility is readily noticed, even (or perhaps especially) in this age of mass communications. Moreover, it seems to be one of the oldest laws of communication that people who come across individually as genuine are always interesting, although it is not the same for institutions, which are more often suspected of aspiring to mind control.

This means that the Church will increasingly have to "personalise", not just with the top people but across-the-board at every potential contact point with the society of today. This is a major challenge to the individual, especially those involved in pastoral work, and those who represent the Church, as we say in this part of the world, and also carries with it the danger of hasty mistaking certain individuals for the whole of a cause or a matter. On the whole, however, we must expect the basic law of the media society to kick in, which says that any objective subject matter will inevitably be personalised. Whatever we support

gens verwechselt werden. Aber insgesamt müssen wir mit dem Grundgesetz der Mediengesellschaft rechnen, dass Sachthemen unweigerlich personalisiert werden. Man macht an Gesichtern fest, wofür oder wogegen man Stellung beziehen möchte.

Missionarische Spiritualität

Mit diesem Stichwort berühre ich ein Thema, das für das Gelingen missionarischer Präsenz von Kirche und christlichem Glaube in der Gesellschaft von größter Wichtigkeit ist. Missionarische Spiritualität, oder einfacher gesagt: Bereitschaft, sich in Glaubensdingen ins Herz schauen zu lassen, stellt gleichsam – im Bild gesprochen – das „Grundwasser" dar für das, was auf dem Feld der kirchlichen Alltagspraxis wachsen und blühen soll. Es geht um die innere Einstellung, um die Bewusstseinshaltung der Träger dieser Präsenz, also um uns Christen selbst, besonders natürlich die Seelsorger, aber auch alle, die in exponierter Weise Kirche „darstellen". Ohne eine sorgfältige Analyse der gegenwärtigen gesellschaftlichen Veränderungen und Tendenzen im Blick auf den Verkündigungsauftrag der Kirche gering zu schätzen, ist für die Akzentuierung des „Missionarischen" in unserer Kirche die Entfaltung einer entsprechenden Spiritualität der Träger der verschiedenen Lebensäußerungen von Kirche die wohl wichtigste Aufgabe.

Man kann bei der Überlegung, welche Elemente eine solche Spiritualität ausmachen müssten, auf das bekannte Gleichnis Jesu von der Aussaat

or oppose needs a face by which to identify it.

Missionary spirituality

This phrase touches on a subject of the utmost importance for a successful missionary presence of Church and Christian faith in society. Missionary spirituality or, to put it more simply, willingness to allow access to one's heart in matters of faith is the "ground water" for everything that we wish to see grow and blossom in the field of practical everyday church routine. It is all about inner attitudes and the awareness of the substrate supporting this presence in us as Christians, primarily pastoral workers, of course, but also anyone else "at the sharp end" identified as "Church". Without wishing to belittle careful analysis of changes taking place in society and trends in the Church's preaching of the Gospel, the development of spirituality appropriate to what it is that underpins the Church's statements about life is probably the most important task in terms of accentuating the essence of "mission".

When trying to pick out the elements that ought to make up this kind of spirituality, Jesus' well-known parable of the sower of seed (Mk 4,1-9) provides good reference. The sower's unfazedness in this biblical metaphor, his confidence in the vitality of the seed he scatters despite the different kinds of soil it falls on, and his ultimate steadfast determination to complete his work of sowing in the knowledge of the

(Mk 4,1-9) hinweisen. Die „Gelassenheit" des Sämanns in dieser biblischen Bildgeschichte, sein Vertrauen in die Kraft des ausgestreuten Samenkorns (trotz der unterschiedlichen Bodenbeschaffenheit) und schließlich seine Bereitschaft, sich nicht durch Bedenken oder mangelnde Erfolgsaussichten vom Werk der Aussaat abbringen zu lassen, eben, weil er um die „Fülle" der von Gott geschenkten Ernte weiß, all diese Bildzüge der biblischen Geschichte sind Hinweise auf die Charakteristika einer missionarischen Spiritualität auch heute. Selbstzweifel, Resignation und Defaitismus sind keine guten Ratgeber für Frauen und Männer im Dienst von missionierender bzw. evangelisierender Verkündigung. Die oft unbewussten Signale, die von den Trägern einer Botschaft ausgehen, sind ebenso bedeutsam wie die Botschaft selbst. Wer das nicht beachtet, setzt sich der Gefahr aus, dass ein Signal das andere aufhebt, konterkariert oder gar unwirksam macht.

Christ-Sein und Kirche-Sein in heutiger Zeit braucht Menschen, die um den Reichtum der eigenen Glaubensbotschaft wissen, die mit „demütigem Selbstbewusstsein" sich als Träger einer Verheißung und einer Botschaft verstehen, die für alle Menschen wichtig und befreiend ist. Gute Dinge sagt man wie von allein weiter, einen heißen Urlaubstipp etwa. Natürlich geht es bei der Beziehung zu Gott um etwas Wichtigeres, vor allem auch Intimeres, was man nicht sofort und geschwätzig auf dem Markt ausposaunt. Aber ist der Vergleich in allen Punkten unangemessen? Das heißt freilich nicht, dass

God-given abundance of the harvest, undeterred by worries or prospects of failure – all these are references to the characteristics of missionary spirituality even today. Self-doubt, resignation and defeatism are not the stuff of which those men and women at the forefront of missionary or evangelising work are made. Those often subconscious signals sent out by people with a message are almost as important as the message itself. It this is ignored, the danger arises that one signal may cancel out another, making it counter-productive or even ineffective.

Being Christian and being Church in our time calls for people with knowledge of the richness of their own message of faith, whose confidence enables them to understand themselves in all humility as bearers of a promise and an important and liberating message for all. We almost automatically pass on good news, such as a holiday tip, for instance. Our relationship with God is a far more important and also much more intimate matter, not the kind of thing we immediately go and shout about in the market place. Nevertheless, the comparison is not entirely inappropriate. That does not mean waiting until the Gospel has been put into practice down to the last letter and lived in myself or in the Church in every detail. Of course, that is what we all aspire to. But the issue here and now is primarily our own identity, which is also that of the Church and the Christian message, telling others in succinct

wir erst warten müssten, bis das Evangelium in jedweder Hinsicht von mir, von der Kirche vorbildlichst verwirklicht und gelebt wird. Natürlich ist das anzustreben. Doch geht es hier zuerst einmal um die eigene Identität, gleichsam um ein allen gemeinsames Leitbild von Kirche und christlicher Botschaft, das prägnant und verständlich aussagen kann, wozu es Kirche und Glauben eigentlich gibt.

Nur andeuten kann ich hier, ohne es näher auszuführen, dass die Reduktion des kirchlichen Auftrags auf sozialen Einsatz und Caritas (besonders im Denken und Empfinden Außenstehender) zwar verständlich ist, aber im Letzten das Bild von Kirche verzerrt, zumindest ihren eigentlichen Auftrag nur ungenügend aufleuchten lässt. Der Taufbewerber soll bei der Taufvorbereitung laut Ritus auf die Frage „Was gewährt dir der Glaube?" nicht antworten: „menschliche Geborgenheit und Annahme", sondern: „das ewige Leben"! Damit leugne ich nicht, dass diese beiden Größen durchaus etwas miteinander zu tun haben. Aber der christliche Glaube ist bekanntlich kein „Deckel" auf den „Topf" unserer vordergründigen menschlichen Sehnsüchte und Erwartungen. Er bleibt sperrig und mutet zu, den engen Flaschenhals der „Selbstverleugnung" zu passieren. Dass aber aus solcher „Selbstaufgabe" eine neue, unerwartete Freiheit erwächst, steht auf einem anderen Blatt.

„Glaubensbiotope" heute

Eine wichtige Voraussetzung für das Gelingen von „Aussaat und Wachs-

and comprehensible terms what Church and faith are all about.

This is not the place for details, so I can only state briefly that, understandable though it may be, especially in the thinking and feelings of outsiders, to reduce the Church's mission to social work and Caritas, it ultimately distorts the true picture of church work or at least fails to make its true mission shine out brightly enough. Someone coming for baptism is not supposed, when asked the ritual question, "What is the reward of faith?" to say "Human security and acceptance", but to respond, "Eternal life". That is not to say that the two have nothing to do with each other, but Christian faith, as we know, is not just the cherry on the cake of our superficially human longings and expectations. It is uncomfortable and challenges us to pass through the very narrow bottleneck of self-denial. The fact that a new, unexpected freedom can grow out of such "self-renunciation" is altogether separate.

Biotopes of faith today

One important pre-requisite for the successful "sowing and growth" of the Word of God in people's hearts and lives is the existence of a "milieu of faith" or "biotopes of lived Christianity" that can turn into spaces for the trial, practice and maintenance of a Christian path in faith. Again, this is nothing new. It is rather a primal process of handing on faith that started from the days of the early Church. The new part of it is that the

tum" des „Wortes Gottes" in den Herzen, in den Biographien von Menschen ist das Vorhandensein von „Glaubensmilieus", gleichsam von „Biotopen gelebter Christlichkeit", die zu Räumen der Einübung, der Erprobung und Bewährung des christlichen Glaubensweges werden können. Auch dies ist keine neue Erkenntnis, sondern ein Urvorgang der Glaubensweitergabe von den Tagen der Urkirche an. Neu ist nur, dass uns bislang bewährte, prägende „Biotope" der Christlichkeit, etwa die Familien, wegbrechen und neue nur in Ansätzen sich abzeichnen.

Dem Glauben ist gleichsam die ekklesiale Komponente wesenhaft eingestiftet. Es gibt keinen Glauben ohne ein Mitglauben mit anderen, mit der ganzen Kirche, mit den Heiligen, letztlich mit Jesus, dem „Urheber und Vollender des Glaubens" (Hebr 12,2) selbst. Das bedeutet, alle Aufmerksamkeit in der heutigen Situation, in der die Lebensverhältnsisse der Menschen äußerst „bunt" und vielgestaltig sind, ist auf die Weiterentwicklung bestehender bzw. die Schaffung neuer „Glaubensmilieus" zu lenken. Hier wäre einerseits auf die beispielhaften Modelle in der Geschichte der Seelsorge zurückzugreifen, in der immer wieder solche, der heutigen Zeit vergleichbare Situationen zu bewältigen waren, andererseits gilt es aber auch kreativ zu werden, um heutige Formen, besonders solche auf Solidarität, Selbsthilfe, Partizipation bzw. Vernetzung hin angelegten Gruppenbildungen in den Dienst dieser Aufgabe zu stellen. Die Gnadenthaler Jesusbruderschaft hat im Kloster Volkenroda beispielsweise ein derartiges „Glau-

tried-and-tested, characterising "biotopes" for Christian living, such as the family, are breaking down and sketchy new ones are only just beginning to emerge.
The ecclesial component is deeply embedded in faith. There can be no faith without sharing it with others, with the whole Church, with the saints and ultimately with Jesus, in whom faith has both its origin and accomplishment. (Hebrews 12,2) This means that all attention in this day and age, when people's situations in life are so multi-coloured and diverse in form, must be focused on the further development of existing "milieus of faith" or the creation of new ones. This could mean going back to exemplary models from pastoral history when many similar challenges to those of today had to be faced. Alternatively, it could mean being creative in harnessing particularly those present-day forms of group building aiming at solidarity, self help, involvement or networking people for service to this cause. The Gnadenthal Brotherhood of Jesus has created just such a "biotope of faith" in Volkenroda, for example, that is already having an important influence in northern Thuringia and beyond after only very few years.

Clearing out our image of God and re-rooting ourselves in God

We cannot talk about the missionary presence of the Gospel without coming back to the history lesson prescribed for us by the Holy Spirit. For generations without interruption, at

bensbiotop" geschaffen, das schon nach wenigen Jahren einen erstaunlichen Einfluß im Nordthüringer Raum und darüber hinaus ausübt.

Reinigung unseres Gottesbildes und neue Gottesverwurzelung

Wir können von der missionarischen Präsenz des Evangeliums nicht reden, ohne abschließend noch einmal auf die uns vom Geist Gottes verordnete geschichtliche Stunde zurückzukommen. Über Generationen hinweg gab es zumindest im europäischen Kontext eine ungebrochene Selbstverständlichkeit des Christentums in der Breite der Bevölkerung. Der Atheismus der geistigen Führungsschichten drang in der Vergangenheit nicht so intensiv und flächig in die Lebenspraxis der Menschen ein, wie das jetzt der Fall ist. Zudem stehen heute nicht nur die eine oder andere Wahrheit des christlichen Bekenntnisses auf dem Prüfstand, sondern es geht um das Ganze des Gottesglaubens. Stimmt es, dass wir mit uns selbst allein sind, oder haben wir ein letztes Gegenüber, zumal ein Gegenüber, dem an uns, an mir gelegen ist? Das anzunehmen fällt in der Tat vielen Menschen schwer. Auch uns Christen.

Ich konstatiere diese Gegebenheit nicht mit dem Unterton der Anklage gegen eine glaubensmüde und gleichgültig gewordene Zeit. Es ist gefährlich für uns, aus der Haltung innerer Abwehr heraus auf unsere Aufgaben in der Seelsorge zuzugehen. Wer sich verschanzt, wird vielleicht einige innerhalb der Verschanzung vor dem Ausbrechen bewahren (dessen bin ich mir freilich mit Blick auf die DDR und

least in the European context, Christianity was taken for granted by the population at large. In the past, atheism among the intellectual elite did not penetrate so pervasively or so intensively into everyday practical living as is the case now. Furthermore, the test is not just the truth of one or the other Christian denomination but belief in God in its entirety. Is it true that we are on our own, or is there an ultimate interlocutor, more precisely one who cares about us, or even about me? This assumption is difficult for some people to accept, even for us as Christians.

I make this observation not with the undertone of accusation against a time that has tired of faith and become indifferent to it. It is dangerous for us to reach out in pastoral intent if we start from an attitude of inner defensiveness. If we surround ourselves with barricades, we may be able to prevent a few of those inside from breaking out (although looking back at the GDR and its wall trauma, I am not so sure), but the probability is even greater that neither will we be able to let anyone in. We can truly transform only what is accepted. This old christological axiom applies equally to our pastoral efforts today.

We Christians must make ourselves "touchable" with our faith in God. Anyone who has living contact with a person of the faith must get a "taste" of this God. This invalidates the objection that my own faith must be firm and secure before I can reach out to others. What must be beyond doubt is its sincerity and authenticity, and then I need not try to

ihr Mauertrauma nicht so sicher!), aber er wird mit noch größerer Wahrscheinlichkeit auch keinen hereinlassen können. Nur was angenommen ist, kann wirklich verwandelt werden. Dieses alte christologische Axiom gilt wohl auch für die heutigen seelsorglichen Bemühungen.

Wir Christen müssen uns mit unserem Gottesglauben berührbar machen. Wer Lebenskontakt mit einem gläubigen Menschen bekommt, muss diesen Gott „schmecken" können. Darum ist es eben kein Einwand zu sagen, dass mein Glaube erst fest und sicher sein muss, ehe ich mich anderen zuwenden kann. Er muss ohne Zweifel „ehrlich" sein, authentisch. Darum brauche ich als Zeuge Christi durchaus nicht meine Anfechtungen und Zweifel, meine Nöte und Ängste zu verstecken. Auch Jesus selbst hat sie uns erkennen lassen. Gerade sie können zu einem missionarischen Zeugnis werden, wenn denn alles, auch diese dunkle Seite meines Lebens im Modus der Gottesanrede ertragen und bestanden wird.

Martin Buber meinte, man könne von Gott nur sinnvoll im Vokativ, in der Form der Anrede sprechen. Daran ist sicher richtig, dass ein gleichsam objektiv vorgezeigter Gott sich letztlich wieder entzieht, wenn nicht aus dem Hinweisen und Aufzeigen ein Anrufen, ja eine Hingabe an ihn wird. Jesus hat seine eigene Gottesverkündigung durch sein Leben, Leiden und Sterben exegesiert. Er hat nichts verkündet, was er nicht selbst gelebt hat. Darin ist der Kirche und ihrem Handeln auch in unserer Zeit der Weg vorgezeichnet. Wir müssen uns gegenseitig neue,

hide my criticism and doubts, my needs and fears as a witness of Christ. Even Jesus let us see them. Even they can become missionary witness if everything, including this dark side of my life, can be endured and withstood by addressing it to God.

Martin Buber thought that the only worthwhile form of addressing God was in the vocative. It is certainly correct to say that an objectively demonstrated God finally slips away again if the references and demonstrations do not become an invocation and surrender to Him. The exegesis of Jesus' proclamation of God was His life, His passion and His death. He proclaimed nothing He had not experienced Himself. This marks the way for the Church of today and its actions. We must tell each other new Kingdom of God stories that interpret our experiences here and now and take up our present hopes.

Thus, I deduce for this difficult and confusing age for faith and religion above all a challenge to ourselves. We must learn again to think about God on a larger scale. We must turn back to the God of Jesus' Gospel and the Holy Scriptures. We need a radicalisation of our faith in God, transparency in our ecclesial language, and action in the direction of the ineffably greater reality of God, before which alone all questions are silenced. It is shameful for us that esoteric shallowness and self-appointed gurus are able to compete with us with their patchwork wisdom borrowed from the Bible and

unsere jetzigen Erfahrungen deutende und unsere gegenwärtigen Hoffnungen aufnehmende „Reich-Gottes-Geschichten" erzählen.

So leite ich aus der heutigen, für Glaube und Religion so schwierigen und unübersichtlichen Zeit vor allem eine Anforderung an uns selbst ab. Wir müssen wieder lernen, von Gott größer zu denken. Wir müssen umkehren zu dem Gott der Verkündigung Jesu und der Heiligen Schriften. Wir brauchen eine Radikalisierung unseres Gottesglaubens, eine Transparenz unseres kirchlichen Redens und Agierens auf die unbegreiflich größere Wirklichkeit Gottes hin, vor dem allein alle Fragen verstummen können. Es ist beschämend für uns, dass uns flache Esoterik

oriental sages. That wave of modern mistrust of all institutions claiming to be the custodians of cultural and religious values works in their favour. Under those circumstances, it is our sacred duty to break down any unnecessary institutional obstacles and un-church-like behaviour that keep us, the Church, apart from the people.

It seems to me that receptiveness for the Gospel is back again. We hold in our hands something so rich that it would be wrong to withhold from our contemporaries. It is not only a matter of telling them all about it. More important still are signs giving people an idea of what is right in the midst of a "wrong life", a liturgy de-